Jo-Jo

Sprachbuch 3

Cornelsen

Jo-Jo Sprachbuch für das 3. Schuljahr · Ausgabe C

Erarbeitet von
Karin Engewald
Marianne Franz
Friedrich-Wilhelm Mielke
Johanna Vogel

Für die neuen Bundesländer bearbeitet von
Anita Hübner, Potsdam
Evelyn Mühlbauer, Potsdam
Martina Naumann, Potsdam

und begutachtet von
Inge Beckel, Großschönau (Sachsen)
Renate Erbstößer, Erfurt
Petra Kutzner, Magdeburg

Redaktion: Cornelia Ostberg
Grafik: Eva Wenzel-Bürger, Constanze Schargan, Gabriele Heinisch
Umschlaggrafik: Birgit Rieger
Fotos: Cornelsen Verlag (Friedrich W. Klemme, F.-W. Mielke, Hans Mozer)
Gestaltung und technische Umsetzung: Knut Waisznor

Was diese Zeichen bedeuten:
✎ schriftliche Aufgabe
✎ Wahlaufgabe: schriftlich oder mündlich
🐗 Übungen zum Auswählen
👥 Partneraufgabe
👥 Erzählkreis
📝 Schreibwerkstatt

Dieses Werk berücksichtigt die Regeln der reformierten Rechtschreibung und Zeichensetzung.
1. Auflage ✔   Druck 4 3 2 1   Jahr 99 98 97 96
Alle Drucke dieser Auflage können im Unterricht nebeneinander verwendet werden.

© 1996 Cornelsen Verlag, Berlin
Das Werk und seine Teile sind urheberrechtlich geschützt.
Jede Verwertung in anderen als den gesetzlich zugelassenen Fällen
bedarf deshalb der vorherigen schriftlichen Einwilligung des Verlages.

Druck: Cornelsen Druck, Berlin

ISBN 3-464-03706-1

Bestellnummer 37061

gedruckt auf säurefreiem Papier, umweltschonend
hergestellt aus chlorfrei gebleichten Faserstoffen

Erklärung der Wortbedeutungen von S. 88:
Tafelklassler – Erstklässler
Topfen – Quark
Erdäpfel – Kartoffeln
Karfiol – Blumenkohl
Klobasse – Wurst
bretteleben – eben wie ein Brett

Inhaltsverzeichnis — Seite

Im Erzählkreis	4
In der Schreibwerkstatt	6
Übungsstationen	8
Bei uns und anderswo	10
Vom Korn zum Brot	16
Freund und Freundin	22
Wir spielen Theater	28
Ich träume mir ein Land	34
Bastelwerkstatt	40
Vom Wünschen und Schenken	46
Wo ich wohne	52
Reise in die Vergangenheit	58
Saurier und Drachen	64
Angst und Mut	70
Baum-Woche	76
Tiere am und im Wasser	82
Radtour	88
Rechtschreibkurs	92
Wörter nachschlagen	92
Pf/pf am Wortanfang und in der Wortmitte	93
St/st und *Sp/sp* am Wortanfang	94
st in der Wortmitte und am Wortende	95
d und *t* in der Wortmitte und am Wortende	96
b und *g* in der Wortmitte und am Wortende	97
ch in der Wortmitte und am Wortende	98
Wörter mit *ng* und *nk*	99
Wörter mit *Sch/sch*	100
Wörter mit *lk, rk, lz, nz, rz*	101
s in der Wortmitte und am Wortende	102
Wechsel von *ss* und *ß*	103
Wörter mit doppelten Mitlauten	104
Wörter mit *ck*	106
Wörter mit *tz*	107
Wörter mit *aa, ee, oo*	108
Wörter mit *ie*	109
h vor *l, m, n, r*	110
h am Wortstammende	111
Wörterliste	112
Lernzusammenhänge	118
Wichtige Begriffe	120

über Aufgaben von Klassensprecherin
und -sprecher nachdenken
Gesprächsregeln vereinbaren und erproben

4   *Im Erzählkreis*

Wir wählen unsere Klassensprecherin und unseren Klassensprecher

Die Kinder beraten, wie sie sich ihre Klassensprecherin und ihren Klassensprecher wünschen. Sie überlegen auch, welche Aufgaben beide nach der Wahl übernehmen sollen.

1 Sprecht über die Äußerungen der Kinder.

2 Welches sind eure Vorstellungen über Klassensprecherin und Klassensprecher? Beratet im Gesprächskreis.

3 Vereinbart Regeln für euer Kreisgespräch:
   – Wer leitet das Gespräch?
   – Wie gebt ihr das Wort weiter?
   – Wie nehmt ihr direkt zu einem Kind Stellung, auch wenn ihr noch nicht an der Reihe seid?

4 Schreibt Gesprächsregeln auf, die euch wichtig sind.

Geschichten erfinden

Die Kinder erfinden Geschichten im Erzählkreis.
Sie geben den Erzählfaden weiter.

1 Sammelt Bilder, Fotos, Gegenstände, zu denen ihr Geschichten erfinden wollt. Legt eine Erzählkartei oder Erzählkiste an.

2 Bildet Erzählkreise. Legt euch ein Bild oder einen Gegenstand in die Kreismitte und erfindet Geschichten.

3 Nehmt manchmal eine Geschichte auf Kassette auf. Überprüft beim Anhören, ob alle eure Ideen zu der Geschichte passen.

über Geschichten sprechen
Tipps zum Überarbeiten
von Geschichten sammeln

6 In der Schreibwerkstatt

Über Geschichten sprechen

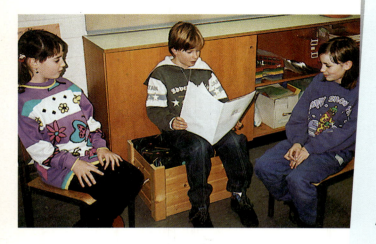

Im Zoo

Ich war gestern mit meinen Eltern im Zoo. Ich war zuerst bei den Affen. Dann gingen wir zu den Elefanten. Und dann gingen wir zu den Löwen und Tigern. Sie wurden gerade gefüttert. Dann durfte ich mir ein Eis kaufen. Meine Schwester wollte noch zu den Giraffen. Dann fuhren wir heim.

Beim Vorlesen von Daniels Geschichte fällt den Kindern auf, dass viele seiner Sätze gleich beginnen. Auch in anderen Geschichten fangen oft Sätze gleich an. Die Kinder sammeln deshalb unterschiedliche Satzanfänge auf einem Plakat.

1. Sammelt Satzanfänge, Wörter, Tipps für Geschichten auf Plakaten und hängt sie in eurer Schreibecke auf.

2. Welche Tipps würdet ihr Daniel zum Überarbeiten seiner Geschichte noch geben?

ein Geschichtenheft anlegen
Merkkarten zum Überarbeiten
einer Geschichte schreiben

In der Schreibwerkstatt 7

Das ist Sinas Geschichtenheft

Dresden, den 21. September

Meine Katze Minka

Ich habe eine junge Katze. Sie heißt Minka. Sie ist braun-weiß getigert. Ich habe sie von meiner Tante bekommen. Ich muss sie jeden Tag füttern. Manchmal bürste ich ihr das fell. Sie spielt gern mit mir. Sie spielt gern mit meinem Tischtennisball. Ich habe Minka sehr gern. Ich würde sie nie mehr weggeben.

Ihr Fell ist braun-weiß getigert.

Manchmal bürste ich ihr das Fell. Sie spielt gern mit mir. Ich rolle ~~den~~ einen Tischtennisball und Minka rennt hinter ihm her.

Sina hat nachgedacht und an ihrer Geschichte gearbeitet.
Sie schaute dazu auf ihre Merkkarten.

So kannst du deine Geschichte überarbeiten:

- Überlege eine passende Überschrift.
- Überprüfe Wiederholungen.
- Findest du Rechtschreibfehler?
- Überprüfe Satzanfänge.
- ?

1 Schreibt selbst Merkkarten, wie ihr Geschichten überarbeiten könnt.

2 Ergänzt eure Merkkarten, wenn euch später noch wichtige Hinweise einfallen.

8　Übungsstationen

1. Station: So kannst du Wörter und Texte üben

 Partnerdiktat   Dosendiktat   Schleichdiktat

2. Station: Wörtertraining

3. Station: Arbeit mit der Wörterkartei

1. Lege für jedes Sammelwort eine Karteikarte an.
2. Schreibe auf die Vorderseite das Wort. Wähle für Substantive, Verben und Adjektive unterschiedliche Farben.
   Auf die Rückseite der Karte kannst du verwandte Wörter schreiben.
3. Stecke deine Karten ins 1. Fach.
4. Lass dir am nächsten Tag die Wörter aus dem 1. Fach diktieren. Bestimme selbst die Anzahl der Wörter.
5. Hast du die Wörter richtig geschrieben, dürfen diese Karteikarten ins 2. Fach wandern. War ein Wort falsch, wandert diese Karte wieder ins 1. Fach.
6. Deine Karteikarten wandern ins 3. Fach, wenn du die Wörter beim nächsten Diktieren wieder richtig geschrieben hast.
7. Lass deine Karteikarten durch alle Fächer wandern, dann wirst du ein Rechtschreibmeister.

Arbeit mit dem Wochenplan

Lesen	*	fertig	kontrolliert
Rechtschreiben	Wörter mit Qu, qu Partner: Sebastian	S. F.	Sebastian
Geschichten schreiben	Schreibe eine Tiergeschichte.		
Mathematik	Übe das 1 x 1 der 7.		
Heimat- und Sachunterricht	Ausstellungstisch Ferien		
Spielen			
Drucken			
Das arbeite ich zusätzlich			

Das ist Silkes Wochenplan

Einige Aufgaben sind vorgegeben, andere darf sie sich selbst aussuchen. Bei Feldern mit einem * soll Silke etwas arbeiten, sie darf aber selbst entscheiden, was sie machen möchte. Noch lieber hat sie die freien Felder, denn hier kann sie ganz allein bestimmen. Wenn eine Aufgabe erledigt ist, unterschreibt Silke auf ihrem Plan.
In dieser Woche beginnt Silke mit der Rechtschreibübung. Sebastian ist ihr Partner. Er kontrolliert Silkes Wörter und unterschreibt auf dem Wochenplan.

1 Überlegt, wie euer Wochenplan aussehen soll.
Entwerft in Gruppen einen Plan und stellt ihn vor.

Miteinander sprechen Ferienerlebnisse erzählen

10 Bei uns und anderswo

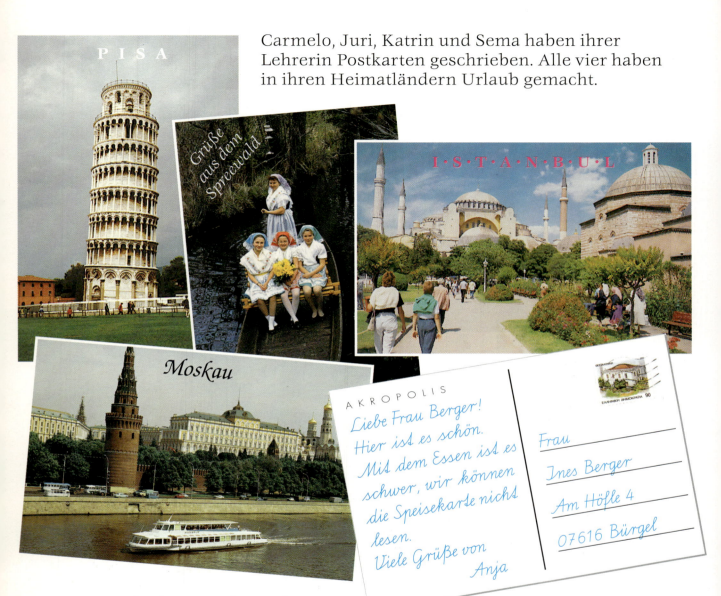

Carmelo, Juri, Katrin und Sema haben ihrer Lehrerin Postkarten geschrieben. Alle vier haben in ihren Heimatländern Urlaub gemacht.

1 Woher kommen die Kinder? Ordne zu.

2 Warum konnte Anja die Speisekarte nicht lesen? Hast du auch schon einmal Schwierigkeiten mit Speisekarten gehabt?

3 Sammelt Fotos und Postkarten von euren Ferien. Ihr könnt sie an eine Wand in eurem Klassenzimmer heften.

4 Erzähle, was du in deinen Ferien gemacht hast.

ein Erlebnis auswählen **Texte**
eine Feriengeschichte schreiben **verfassen**

Bei uns und anderswo 11

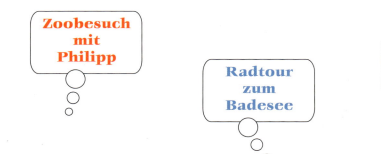

Feriengeschichten schreiben

Thomas will seine Feriengeschichte aufschreiben.
Er wählt aus, was er erzählen will:

In den Ferien durfte ich meinen Freund Philipp in den Zoo einladen. Frühmorgens fuhren meine Eltern mit uns los. Bald waren wir da …

1 Für welches Erlebnis hat sich Thomas entschieden?

So haben Christian, Stefanie und Andi ihre Geschichten begonnen:

Christian
Ich war im Zeltlager mit den Pfadfindern. Am ersten Tag

Stefanie
In den Ferien habe ich eine neue Freundin gefunden. Das war so:

Andi
Mir haben die Ferien nichts gefallen, weil ich drei Wochen im Bett liegen musste. Ich hatte

2 Sprecht darüber.

3 Überlege dir eine eigene Feriengeschichte.
   Wie willst du beginnen?

4 Schreibe deine Feriengeschichte auf.
   Lest euch eure Geschichten vor.

Sprache untersuchen — Wortart Substantiv wiederholen

12 *Bei uns und anderswo*

Die Kinder haben Wörter in verschiedenen Sprachen gesammelt und auf ein Plakat geschrieben.

1   Lest euch die Wörter vor.
    In welchen Sprachen sind sie aufgeschrieben?

2   Schreibe die deutschen Wörter mit Artikel auf und ordne sie:
    Wörter sammeln

Menschen	Tiere	Pflanzen	Dinge

3   Welche Wörter bleiben übrig? Schreibe sie auf.

4   Schreibe zu jeder Zeile eigene Wörter, die dazupassen.

Substantive (Namenwörter) bezeichnen Menschen, Tiere, Pflanzen und Dinge. Auch das sind Substantive: *die Freude, der Frieden, das Glück.* Substantive werden großgeschrieben.
Die Artikel *der, die, das, ein, eine* sind Begleiter der Substantive.

Großschreibung von Substantiven
und am Satzanfang wiederholen
ABC-Ordnung anwenden   **Rechtschreiben**

Bei uns und anderswo 13

Manuel hat sein Ferienerlebnis auf der Schreibmaschine geschrieben:

WIR WAREN IN DIESEM JAHR AN DER NORD-
SEE. MANCHMAL KONNTEN WIR NICHT BADEN.
BEI STARKEM ... UND RIESIGEN ... DURFTEN
WIR NICHT INS ... DANN BAUTEN WIR ... IM ...
UND SUCHTEN ... WENN DAS ... SCHÖN WAR,
MACHTEN WIR EINEN LANGEN ... AM ...

WELLEN
WASSER   STURM
SPAZIERGANG
WETTER
MUSCHELN
SAND
STRAND
BURGEN

1 Schreibe den Text ab und setze die fehlenden Wörter ein.
   Beachte: Substantive und Satzanfänge schreibt man groß.

2 Markiere alle Punkte und die Satzanfänge rot.
   Übermale den großen Anfangsbuchstaben bei den Substantiven
   mit einer anderen Farbe.

In diesen Ländern haben die Kinder aus Manuels Klasse
Urlaub gemacht: Argentinien, Finnland, Italien, Deutschland, Belgien,
Griechenland, Spanien, Holland, Ungarn, Türkei, Dänemark.

3 Ordne die Ländernamen nach dem ABC.

4 Findest du zu den fehlenden Buchstaben Länder?
   Schreibe die Namen nach dem ABC geordnet auf.
   Du kannst das Wörterbuch benutzen.

5 Sage das ABC auf, so schnell du kannst.
   Kannst du es auch rückwärts?

Sammelwörter

der Sand · der Norden · donnern · der Süden · die Karte · plötzlich
manchmal · meistens · die Reise · das Gewitter · der Blitz · blitzen · oder
die Minute · stark · regnen · vorbei

14 Bei uns und anderswo

Wörter sammeln – Geschichten schreiben

Lisa hat für ihre Geschichte Wörter gesammelt. Nicht alle kann sie gebrauchen. Sie hat sich für die blaue Spur entschieden.

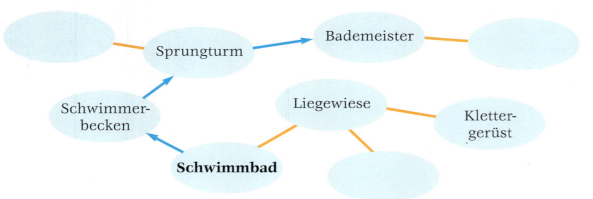

✏ 1 Überlege dir weitere Wörter, die zu *Schwimmbad* passen.
   Oder: Suche Wörter, die zu *Autobahn* passen.
   Schreibe deine Wörter auf.

✏ 2 Erzähle deine Geschichte.

Was packst du in die Badetasche ein?

Wie heißt die Mehrzahl von Sonnencreme?

| Decke | Sonnenbrille | Mütze | Kerze | Ball | Handtuch |

| Sonnencreme | Badeanzug | Stiefel | Badehose | Buch | Schirm |

3 Überlege, was du zum Baden mitnehmen willst.

✏ 4 Schreibe die Substantive mit Artikel in der Einzahl und Mehrzahl auf:
   Überschrift: *Meine Badetasche*

   Einzahl | *Mehrzahl*

Bei uns und anderswo 15

Übungstext

Ferienreisen

In den Ferien waren viele Kinder an der Nordsee oder im Süden. Am liebsten gingen sie schwimmen und spielten im Sand. Nina hat eine Karte an Oma geschrieben. Manchmal kamen ganz plötzlich Gewitter auf. Es blitzte und donnerte. Dann regnete es oft stark. Meistens war nach wenigen Minuten das Gewitter vorbei.

✎ 1 Suche alle Substantive aus dem Text und schreibe sie auf.

Ferienwörter

| zelten | etwas erleben | baden | spielen | reisen | sich sonnen |

✎ 2 Suche zu den Verben (Tätigkeitswörtern) passende Substantive.
Benutze das Wörterbuch. Schreibe: *Ferienwörter*
zelten – das Zelt, ...

ABC-Spiele

✎ 3 Packe deinen Ferienkoffer nach dem ABC.
Benutze das Wörterbuch. Schreibe: *Mein Ferienkoffer*
Anorak, Bluse, Creme, ...
Oder: Packe nur Sachen ein, die mit dem Anfangsbuchstaben deines Vornamens beginnen: *Anna packt ein*
Anorak, Apfelsinen, ...

Nach dem ABC ordnen

| Apfel | Eichel | Pfirsich | Traube | Birne | Zitrone |

| Kerze | Baum | Land | Mann | Nase | Schwimmbad |

✎ 4 Schreibe jede Wortreihe nach dem ABC geordnet auf.

Miteinander sprechen — Informationen einholen, Ergebnisse veröffentlichen

16 *Vom Korn zum Brot*

Schule im Museum

Das Getreide spielt eine ganz große Rolle für unsere Ernährung. Es liefert die wichtigsten Stoffe für unser Brot.
In unserem Freilichtmuseum können die Kinder miterleben, wie Korn zu Brot wird.
Sie lernen, wie man das Feld bestellt und wie man erntet, drischt, Korn mahlt und wie man „Dünne" (Fladenbrot) backt.
Während der verschiedenen Jahreszeiten können sie auf dem Acker pflügen, säen, eggen. Höhepunkt des Besuchs ist immer das „Dünne"-Backen im Holzofen.

Die Kinder der Klasse 3a wollen ein Freilichtmuseum besuchen. Dort lernen sie, wie das Korn zu Brot wird. Ein Prospekt gibt erste Informationen.

1 Studiere den Text des Handzettels. Was werden die Kinder alles erleben?

2 Versuche möglichst viel herauszubekommen über den Weg vom Korn zum Brot (Bücher, Eltern, Bäcker, Bauern, ...).

3 Stellt eure Ergebnisse vor (Ausstellung, Gesprächskreis, Plakate, ...).

Bild-Text-Zuordnung vornehmen
einen Text verfassen
Texte verfassen

Vom Korn zum Brot **17**

Im Freilicht-Museum haben die Kinder viel erfahren. Es gab auch Dias zu kaufen.

1 Überlegt, in welcher Reihenfolge die Dias geordnet werden müssen. Was kommt zuerst?

Während ihres Besuches haben die Kinder Notizen gemacht:

Goldene Ähren im Sommer

Nach der Ernte: Der Müller mahlt das Korn zu Mehl.

Zum Schluss beim Bäcker oder in der Brotfabrik

Auswahl zwischen vielen Brotsorten

Spätsommer, der Mähdrescher mäht und drischt in einem.

Aussaat im Winter oder im Frühling

2 Welcher Zettel passt zu welchem Bild?

3 Schreibe auf, wie aus dem Korn schließlich Brot wird.

Was ist der Unterschied zwischen *mahlen* und *malen*?

18 Vom Korn zum Brot

Wie wird Getreide angebaut?

Im Herbst pflügt der Bauer den Acker. Früher zogen Ochsen oder Pferde den Pflug. Heute machen das Traktoren. Mit der Egge zerkleinert der Bauer die Erdschollen. Dann sät er. Anschließend walzt er den Boden. Die Samenkörner liegen nun unter der Erde. Langsam wachsen die jungen Triebe. Es entstehen kleine Wurzeln. Sie graben sich in den Erdboden. Im Frühjahr sieht der Bauer, ob die Saat aufgegangen ist.

1 Schreibe die Verben (Tätigkeitswörter) aus dem Text in der Nennform auf: *Verben*
pflügen, ...

Erntezeit

Die Führerin im Museumsdorf sagt: „Ich ... euch jetzt, wie es mit dem Korn weitergeht." Zu einem Mädchen sagt sie: „Du ... auf die Bilder dazu."
„Der Bauer ... mit einer großen Maschine auf das Feld. Sie ... das Korn und drischt es. Wir ... sie darum auch Mähdrescher. Ihr ... diese Maschinen bei uns meistens in den letzten Augustwochen auf dem Feld. Die Autofahrer ... die Mähdrescher nicht gerade. Sie ... den Verkehr."

behindern
lieben
seht
nennen
mäht
fährt
zeigst
erzähle

2 Welche Verben (Tätigkeitswörter) passen in die Lücken? Sie müssen zu den unterstrichenen Wörtern passen.

3 Schreibe so: *ich erzähle, du ...*

Wörter, die sagen, was man tut oder was geschieht, nennt man Verben (Tätigkeitswörter).
Verben haben eine Nennform und gebeugte Formen.
Nennform: *ziehen*
gebeugte Formen: *ich ziehe, du ziehst, er/sie/es zieht, wir ziehen, ihr zieht, sie ziehen*

Wortstamm und Endung wiederholen **Rechtschreiben**

Vom Korn zum Brot

In der Mühle

Der Bauer fährt das Korn zur Mühle. Manchmal trägt der Müller die Säcke ins Lager. Meistens fällt die Ladung aber durch eine Öffnung in den Keller. Das Mahlwerk läuft heutzutage durch Stromantrieb.

✎ 1 Schreibe den Text ab und unterstreiche die Verben.

✎ 2 Schreibe darunter die Verben und deren Nennform. Kennzeichne den Wortstamm: *fährt – fahren*, ...

> Verben haben einen Wortstamm und eine Endung.
> Manchmal wird aus dem Selbstlaut im Wortstamm ein Umlaut:
> *trag*en – du *träg*st

Trio

	du	er, sie, es	
tragen	trägst	trägt	saufen
fangen	fängst	fängt	schlagen
blasen	bläst	bläst	waschen
?	?	?	fallen

✎ 3 Schreibt jedes Wort auf ein Kärtchen.
Vermischt die Kärtchen und legt sie umgekehrt auf den Tisch.
Deckt abwechselnd je ein Kärtchen auf.
Gewonnen hat das Kind mit den meisten Trios.

Sammelwörter

satt · das Feld · anfangen · jeder · seit · gesund · das Salz · die Ernte
ernten · reif

20 Vom Korn zum Brot

Zutaten:
300 g Roggenschrot (fein)
400 g Weizenmehl
300 g Weizenschrot (fein)
20 g Salz
25 g Hefe, 900 g Wasser
30 g Leinsamen
Sesam zum Bestreuen

Im Film „Ronja Räubertochter" backt Ronja Brotfladen – wie sie es von ihrer Mutter Lovis gelernt hat.

1. Zutaten mischen.

2. Teig kneten.

3. 60 min an einem warmen Platz ruhen lassen.

4. 8–10 Kugeln formen. Zu Fladen ziehen. Wasser abstreichen.

5. Mit Sesam bestreuen.

6. Backblech einfetten. Bei 220 °C 25 min backen.

Zu Hause probieren Tina und Björn das Rezept aus.
Die Mutter hilft. Sie sagt: Zuerst mischst du alle Zutaten. Dann … Danach…

1 Schreibe die Arbeitsschritte auf: <u>Ronja-Brot backen</u>

2 Sammelt Rezepte zum Brotbacken.

3 Stellt ein Rezeptbuch her.
   Vielleicht dürft ihr verschiedene Rezepte ausprobieren.

Vom Korn zum Brot 21

Übungstext

Vom Feld in die Backstube

Der Bauer erntet das reife Korn. Der Müller mahlt es zu Mehl.
Nun kann der Bäcker anfangen Brot zu backen. Für ein einfaches Brot braucht er nur Mehl, Wasser, Salz und Hefe. Schon seit langem wird Brot gebacken. Es ist gesund und macht satt. Wir essen es jeden Tag.

Beim Bäcker einkaufen

Wir ... am Stadtrand. Meine Mutter ... mich manchmal zum Einkaufen.
Ich ... gern zum Bäcker. Die Brote ... so lecker aus und es ... so gut im Laden.

gehe   wohnen   sehen   schickt   duftet

1 Setze die passenden Verben ein und schreibe den Text.

Verwandte Wörter

backen / aufbacken / überbacken / hacken / durchbacken
Bäcker / Backwaren / Zwieback / Bachstelze / Gebäck

2 In jeder Reihe ist ein Kuckucksei versteckt. Schreibe sie ohne die Kuckuckseier auf. Erkundige dich, was die Wörter bedeuten.

Unser Brot

Als Körnlein gesät,
als Ähren gemäht,
gedroschen im Takt,
gesiebt und gehackt,
dann hurtig und fein
gemahlen vom Stein,
geknetet und gut
gebräunt in der Glut,
liegt's duftend und frisch
als Brot auf dem Tisch.

3 Lies das Gedicht. Woran merkst du, dass es aus alter Zeit stammt?

4 Schreibe das Gedicht ab. Gestalte ein Schmuckblatt.

22 Freund und Freundin

1 Spielt das Telefongespräch zwischen Elisabeth und Katrin.

2 Erzähle von deiner Freundin oder deinem Freund.

3 Wozu sind Freunde und Freundinnen für dich wichtig? Sprecht darüber.

4 Wie verhaltet ihr euch, wenn es einmal Streit gibt?

Große Pause

1 Überlege dir zu den Bildern eine Geschichte.
   Wie könnte die Geschichte ausgehen?

2 Sammelt in Gruppen Wörter, die zu den Bildern passen:
   Bild 1: Pause, Hüpfspiel, Schulhof, Kinder, spielen, zuschauen, allein, …

3 Schreibe deine Geschichte auf.
   Finde eine passende Überschrift.

Sprache untersuchen — Wortart Adjektiv wiederholen

24 *Freund und Freundin*

Rätselröllchen: Wer ist mein Freund?

*Meine Freundin ist klein.
Ihre Haare sind lang und lockig.
Sie trägt einen roten Pulli.*

Mein Freund ist klug. Er hat braune Augen und dunkle Haare. Er erzählt immer lustige Witze.

1 Schreibe die Rätselröllchen ab. Unterstreiche die Adjektive.
Oder: Schreibe Rätsel von deinen Freunden und lass die anderen raten.

Wie Menschen sein können

klug
klein
nett
fröhlich
fleißig
witzig
schnell
langsam
ängstlich
unruhig
sportlich
stark
unternehmungslustig

hilfsbereit
still
zornig
vorlaut
groß
freundlich
hübsch
laut
gutmütig
frech
lebhaft
schüchtern
lustig
mutig
lieb

Sina kann ganz toll turnen. Sie ist <u>sportlich</u>.
Tim ruft immer alles heraus. Er ist ...
Anne hilft gern. Sie ist ...
Jan bringt mich oft zum Lachen. Er ist ...
Julia lernt viel für die Schule. Sie ist ...

2 Schreibe die Sätze auf und finde passende Adjektive.

> Mit Adjektiven kann man beschreiben,
> wie etwas oder wie jemand ist: *lustig, lang, rot, ...*

Wiederholung der Satzschlusszeichen **Rechtschreiben**

Freund und Freundin 25

Freundinnen

Beeile dich ☐

Komm doch zu mir ☐
Wir können gemeinsam auf das Baby aufpassen ☐

Das ist eine gute Idee ☐
Ich komme, sobald ich fertig bin ☐

Hallo, Selime, hier spricht Anne ☐
Kommst du nach den Hausaufgaben zu mir ☐

Es geht heute nicht ☐
Ich muss auf meinen kleinen Bruder aufpassen ☐

✎ 1 Schreibe die Teile des Gesprächs auf Streifen. Ordne sie in der richtigen Reihenfolge und setze die passenden Satzschlusszeichen.

👥 2 Spielt das Gespräch. Achtet auf die Betonung der Sätze.

> Nach einem **Aussagesatz** steht ein **Punkt**,
> nach einem **Fragesatz** steht ein **Fragezeichen**,
> nach einem **Aufforderungssatz** steht ein **Ausrufezeichen**.

Anne hat Geburtstag

Anne deckt den Geburtstagstisch ☐ Sie gibt sich dabei große Mühe ☐ Neben jeden Teller stellt sie ein buntes Glas ☐ Wo sind nur die Servietten ☐ Annes Mutter ruft: „Vergiss die Kerzen nicht ☐ Hole schnell die Torte aus dem Kühlschrank ☐" Die ersten Gäste klingeln schon an der Tür ☐ Ist der Tisch fertig gedeckt ☐

✎ 3 Schreibe die Sätze ab. Setze am Schluss die richtigen Satzzeichen.

Sammelwörter

*hüpfen · der Geburtstag · passen · gratulieren · am besten · neben
schmecken · grüßen · froh · fröhlich · rund · gefallen · frisch · das Haar
lustig · heißen*

26 Freund und Freundin

Annes Geburtstagstisch

rot   klein   gelb   lustig   spannend
stachelig   bunt   jung   schön   weich

✏ 1 Welche Adjektive passen? Setze die Adjektive vor die Substantive.
Das liegt auf dem Geburtstagstisch
ein roter Ball, ein ...
Oder: Schreibe Sätze: *Die Eltern schenken Anne ein junges Kaninchen.*
Felix schenkt Anne einen ...

Bingo

✏ 2 Sucht aus der Wörterliste 12 Adjektive und schreibt sie auf.
Zeichnet einen Spielplan und tragt in jedes Feld ein Adjektiv ein.
Ein Spielleiter liest die Adjektive durcheinander vor.
Wer zuerst drei Wörter in einer Reihe angekreuzt hat, darf „Bingo" rufen.

An der Geburtstagstafel sind viele Aufforderungen zu hören:

| Tina soll ein Lied singen. | Singe ...! | Martin soll sich noch Kuchen nehmen. | Trink ...! | Imke soll einen lustigen Witz erzählen. |

| Nimm ...! | Katrin soll noch eine Tasse Kakao trinken. | Helft ...! | Sven und Julia sollen beim Abräumen helfen. | Erzähle ...! |

3 Wie würdest du die Kinder auffordern? Sprich die Sätze.

✏ 4 Schreibe die Aufforderungssätze auf:
Aufforderungssätze
Martin, nimm dir noch Kuchen!
Imke, erzähle bitte ...

Freund und Freundin 27

Übungstext

Geburtstag

Fröhlich begrüßt Anne ihre Gäste. Aufgeregt hüpft sie umher. Alle gratulieren und sind froh gelaunt. Die Geschenke gefallen Anne sehr. Die neue Haarspange passt gut zu ihr. An der runden Geburtstagstafel sitzt Anne neben ihrer besten Freundin. Sie heißt Kerstin. Die Kinder lassen sich den frisch gebackenen Kuchen schmecken. Dann geht es mit lustigen Spielen weiter.

1   Schreibe den Text ab. Kennzeichne die Adjektive farbig.

Geburtstagsbrief

2   Gestalte mit dem Geburtstagsbrief ein Schmuckblatt.
Oder: Denke dir selbst einen Geburtstagsbrief für deine Freundin oder deinen Freund aus. Schreibe und gestalte ein Schmuckblatt, eine Karte …
Oder: Suche in Zeitungen Glückwünsche zum Geburtstag, die dir gefallen. Schneide sie aus und klebe sie auf. Lest sie einander vor.

> Als ich ging, da fand ich was.
> Ei der Daus, von wem ist das?
> Dieses lila Federchen?
> So was hat nicht jederchen!
> Was, zum Beispiel, was hast du?
> Heut Geburtstag und dazu
> wünsch ich dir, das weißt du doch,
> recht viel Gutes, noch und noch.
>
> *Josef Guggenmos*

Wortartenkreisel

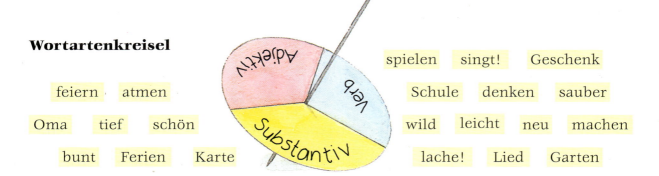

3   Bastelt einen Wortartenkreisel und schreibt Wortkärtchen. Dreht den Kreisel und sucht ein passendes Wortkärtchen heraus. Überlegt euch eine Spielregel.

Wir spielen Theater

Herr Magus war ein Zauberer,
vor dem es manchem bangte,
der aber selbst nicht glücklich war,
weil's ihn nach Macht verlangte.

Er wollte ein großmächtiger,
gewaltiger Zauberer werden,
bewundert, doch gefürchtet auch
und viel bestaunt auf Erden.

Aus diesem Grund nahm er sich vor,
bei Nacht und ganz verstohlen,
die Sternenpracht vom Himmelszelt
zu sich herabzuholen.

James Krüss

1 Lest das Gedicht und spielt
 den Zauberer Magus.

2 Überlegt euch Zaubersprüche,
 mit denen Magus die Sterne stehlen kann.

3 Wie ergeht es den Menschen, wenn alle Sterne
 verschwunden sind?
 Spielt die Szene, wie die Menschen jammern.

eine Geschichte als Spielvorlage erfinden **Texte**
einer Erzählspur folgen **verfassen**

Wir spielen Theater **29**

Die Kinder wollen die Geschichte vom Zauberer Magus als Theaterstück aufführen. Sie erfinden Geschichten, die als Spielvorlage dienen sollen.

Der Zauberer Magus und die Fee

Der alte Zauberer Magus wollte noch mächtiger werden.
Er stahl den Menschen die Sterne vom Himmel.
Die Menschen jammerten und klagten:

Da erinnerte sich ein alter Mann, dass in vergangenen Zeiten eine gute Fee den Menschen in Not geholfen hatte. Er suchte die Fee und bat sie um Hilfe. Die Fee kannte den Dieb nicht.

Sie fragte: und   und   und …

Die Fee fand den Sternendieb.

1 Folge der Erzählspur und überlege eine Geschichte.

2 Gestalte das Zusammentreffen zwischen Fee und Zauberer. Wer gewinnt?

3 Überlege einen Schluss für deine Geschichte.

4 Schreibe deine Geschichte auf.

Sprache untersuchen — wörtliche Rede kennen lernen / mit dem Wortfeld „sagen" umgehen

30 *Wir spielen Theater*

1 Lest und spielt mit verteilten Rollen. Probiert verschiedene Möglichkeiten aus. Vergleicht die unterschiedliche Sprechweise der Personen.

2 Ihr könnt diese Szene verlängern oder verändern. Überlegt in Gruppen verschiedene Möglichkeiten und spielt vor.
Spielt auch mit eurer Stimme.

sagen	drohen	schimpfen	brüllen	sprechen	fragen	stottern
	rufen	flüstern	lachen	antworten	meinen	jammern

3 Schreibt eure Szene auf:
Der Kapitän <u>jammert</u>   „Ohne den Polarstern können wir nachts den Weg über das Meer nicht finden!"
Die Kinder <u>fragen</u>   „Wo sind ..."

Was wörtlich gesprochen wird, heißt wörtliche Rede.
Die wörtliche Rede steht in Anführungszeichen (Redezeichen).
Der Redebegleitsatz gibt an, wer spricht.
Die Sternenfee sagt: „Ich hole die Sterne zurück."
        Redebegleitsatz   Wörtliche Rede

Redebegleitsätze formulieren
Zeichensetzung bei wörtlicher Rede üben **Rechtschreiben**

Wir spielen Theater 31

1 Lest und spielt mit verteilten Rollen.
Achtet auf die unterschiedliche Sprechweise der Personen.

2 Schreibe das Gespräch vollständig auf.
Gib durch ein passendes Wort aus dem Wortfeld *sagen* an, wie der Spieler sprechen soll: *Der Zauberer brüllt: „Wer dringt in mein Schloss ein?"*
Die Sternenfee ... „Du Räuber und Dieb! Ich bin ..."
Oder: Überlege dir, wie das Gespräch noch verlaufen könnte und schreibe es auf.

Sammelwörter
*weinen · finden · allein · die Menschen · das Schloss · böse · der Himmel
dunkel · alt · der Stern · helfen · er zog · schreien*

32 Wir spielen Theater

Vorbereitung für das Theaterspiel

✎ 1 Überlege passende Redebegleitsätze zu den wörtlichen Reden.
Schreibe das Gespräch auf.
Oder: Überlege, was die Kinder sonst noch besprechen müssen.
Schreibe dieses Gespräch auf.
Verwende treffende Ausdrücke aus dem Wortfeld *sagen*.
Schreibe so: *Simon fragt: „Wer kümmert sich …?"*

Kostümprobe

✎ 2 Suche passende Kostüme für die Fee, den Zauberer, den Wanderer
oder andere Personen aus der Kleiderkiste.
Schreibe auf, was die Kinder tragen.
Schreibe so: *Kostümprobe*
   Sina ist eine alte Frau. Sie trägt …

Wir spielen Theater

Übungstext

Die Sternenfee

Der Zauberer Magus lebte allein in einem Schloss. Er war böse und wollte den Menschen schaden. Deshalb zauberte er die Sterne vom Himmel. Nun war es dunkel auf der Erde. Die Menschen schrien und weinten. Da fiel einem alten Mann ein: „Vor langer Zeit hat eine gute Fee den Menschen in Not geholfen." Er zog aus um die Fee zu finden.

1 Schreibe zehn Wörter aus dem Text, die eine besondere Schwierigkeit haben. Kennzeichne die schwierige Stelle.

2 Schreibe alle Substantive mit Artikel auf.

3 Suche zu jedem Wort verwandte Wörter und schreibe sie auf:
   <u>Zauber</u>er: <u>Zauber</u>stab, <u>zauber</u>n, be<u>zauber</u>nd, ... Unterstreiche den Wortstamm.

4 Übt eure Wörter als Partnerdiktat.
   Oder: Schreibe mit deinen Wörtern eine Geschichte.

Zauberer   Schloss   Fee   riesig   geheimnisvoll   gefährlich   alt
                              zerfallen   prächtig   mutig   mächtig

5 Suche zu jedem Substantiv passende Adjektive.
   Schreibe so: *der mächtige Zauberer, das ...*

Ich träume mir ein Land

Ich träume mir ein Land,
da wachsen tausend Bäume,
da gibt es Blumen, Wiesen, Sand
und keine engen Räume.
Und Nachbarn gibt's, die freundlich sind,
und alle haben Kinder,
genauso wild wie du und ich,
nicht mehr und auch nicht minder.

Erika Krause-Gebauer

1 Wie sieht es in deinem Traumland aus?
Schließe die Augen und reise in dein Traumland.
Ihr könnt für eure Reise auch eine passende Musik auswählen.

2 Schreibe Wörter auf, die dein Traumland beschreiben.

3 Male in Worten ein Bild von deinem Traumland.

4 Erzähle von Menschen, die in deinem Traumland leben.

5 Macht euch gemeinsam auf den Weg in ein Traumland.
Bildet Erzählgruppen. Ein Kind fängt an zu erzählen.
Es gibt ein Wollknäuel an ein anderes Kind weiter, das die Geschichte „weiterspinnt". Achtet darauf, dass euer Erzählfaden nicht abreißt.

Reise ins Traumland

Ich lag im Bett und träumte. Plötzlich klopfte es an meinem Fenster. Ein Männlein mit lila Haaren stieg durch die Fensterscheibe, setzte sich auf meine Bettdecke und flüsterte: „Komm mit in mein Traumland."
Das Männlein nahm mich bei der Hand …

geheimnisvolle Stimmen, Giftschlangen, …

alte Karte mit seltsamen Zeichen, Schatzkiste, …

Ritt auf einem Elefanten, Tiersprache verstehen können, …

1 Stelle dir vor, du fliegst mit dem Männlein ins Traumland.
Entscheide dich für ein Erlebnis. Schreibe deine Geschichte auf.
Der Schlusssatz könnte sein:
Ich wachte auf und merkte, dass alles nur ein Traum war.

2 Was könntest du auf deiner Traumreise noch erleben?
Erzähle ein lustiges Erlebnis
oder ein spannendes Erlebnis **oder** ein geheimnisvolles Erlebnis.

3 Lest euch eure Traumgeschichten vor.

4 Male ein Bild oder Bilder zu deiner Geschichte.

5 Gestaltet mit euren Geschichten ein Buch.
Überlegt euch einen passenden Buchtitel.

Sprache untersuchen — Sätze gliedern · Sätze durch Umstellen von Satzgliedern verändern

36 Ich träume mir ein Land

Im Land der Riesen

Der Riese liegt
unter einer Tanne
vor seiner Höhle.
Ein Rabe sitzt auf der Tanne.
Ein bunter Schmetterling
flattert über die Wiese.

1 Erzähle, was du noch auf dem Bild entdeckt hast.

2 Schreibe deine Beobachtungen auf.

3 Du kannst die Sätze auch verändern. Probiere verschiedene Möglichkeiten aus. Schreibe dazu jeweils einen Satz auf einen Streifen. Zerschneide ihn und stelle die Teile um:

Der Riese liegt vor seiner Höhle unter einer Tanne

unter einer Tanne Riese Der vor liegt Höhle seiner

4 Vergleiche die Sätze.

5 Spiele auch mit den Teilen eines anderen Satzes.
Schreibe die Möglichkeiten auf, die du für einen Satz gefunden hast.
Denke an die Satzanfänge und Satzschlusszeichen.
Oder: Bastle einen Satzfächer.
Stelle Kärtchen für einen Satz zusammen.
Überlege, welche Wörter zusammengehören, auch wenn du den Satz umstellst.
Schreibe sie auf ein Kärtchen.

Ein Satz besteht aus mehreren Teilen, den Satzgliedern.
Ein Satzglied kann aus einem oder mehreren Wörtern bestehen.

Wörter mit Auslautverhärtung üben
Rechtschreibhilfen kennen lernen und anwenden **Rechtschreiben**

Ich träume mir ein Land 37

In der Freiarbeit arbeiten Silke, Sebastian und Önder an einem Text, den sie nachher als Partnerdiktat schreiben wollen.

Zwerg

Es war einmal ein ... ,
der saß auf einem ... ,
der stand in einem ... ,
das Land ist ...
Es liegt auf einem ... ,
der Stern ist klein und ...
Es schwebt ganz weit im Raum,
so weit kann keiner schaun.

Erwin Moser

✎ 1 Vervollständige den Text und setze die passenden Reimwörter ein:

| Berg | Land | Zwerg |
| unbekannt | fern | Stern |

Jetzt üben die Kinder den Text.
Önder diktiert zuerst, Sebastian und Silke schreiben.

„der stand in einem Land"

„stan...
t oder *d*?
standen – stand"

Önder diktiert weiter: „Es liegt ..." Dann unterbricht er, denn er merkt, dass seine beiden Partner ein Problem haben. Sebastian flüstert das Wort *liegt* mehrmals.

„Ich höre und spreche ein *k*.
Ich schreibe ..."

2 Sprecht über Sebastians Problem.
Überlegt euch eine Rechtschreibhilfe.

✎ 3 Erprobt eure Rechtschreibhilfe auch an den folgenden Wörtern aus dem Text:
Berg, Land, stand, Zwerg, schwebt, liegt, weit.
Zum Beispiel: *Ber☐ – Berge, schwe☐t – schweben, ...*

Sammelwörter

*klettern · der Schlüssel · der Berg · hängen · die Kette
schlafen – er schlief · der Hals · leben · hohe · die Höhle · liegen*

38 Ich träume mir ein Land

Riesensätze

Die Kinder wollen ihre Sätze zu langen „Riesensätzen" erweitern.
Christiane: Der Riese | schläft.
Marcel: Der Riese | schläft | auf der Wiese.
Falco: Der Riese | schläft | auf der Wiese | vor seiner Höhle.
Stefanie: Der Riese | schläft | auf der Wiese | vor seiner Höhle | unter …

1 Sei auch ein Satzbaumeister und verlängere diese Sätze:

Der Zwerg gräbt.   Die Blume blüht.   Katja klettert.

Du kannst diese Satzglieder verwenden oder dir selbst welche ausdenken.

auf dem Spielplatz   am frühen Morgen   hinter dem Haus

auf dem Berg   den ganzen Tag   im Bergwerk   auf die Leiter

bei Sonnenuntergang   nach einem Schatz   auf einem Baum

2 Schreibe einen Satz auf und lass ihn wachsen.
Teile in diesem Satz die Satzglieder ab.
Oder: Schreibe einen langen Riesensatz auf und kennzeichne die Satzglieder.
Stelle die Satzglieder um und bilde neue Sätze.

Im Land des Winterkönigs

Der Winterkönig lebt in einem Schloss aus Schnee und Eis seine Diener sind der Nordwind und der Frost in den Schlossgärten wachsen wunderschöne Eisblumen die Prinzessin tanzt auf dem Eis die Königin fährt in einem goldenen Schlitten.

3 Schreibe die Geschichte auf und setze die fehlenden Satzschlusszeichen ein.
Denke an die Satzanfänge. Unterteile jeden Satz in seine Satzglieder.

Ich träume mir ein Land

Übungstext

Riesenpech

Ein Riese <u>lebte</u> in einer Höhle am Fuße eines hohen Berges. Am <u>Tag</u> suchte er in einem <u>Bergwerk</u> nach <u>Gold</u>. Jeden <u>Abend</u> kletterte er mit seinen Schätzen nach oben. Zu Hause <u>legte</u> er sie in eine Truhe. Den Schlüssel <u>hängte</u> er sich an einer Kette um den Hals. Sogar wenn er schlief, nahm er sie nicht ab. Eines Tages war der Schlüssel weg. Wo <u>mag</u> er liegen?

1 Sprich die unterstrichenen Wörter deutlich. Schreibe sie.
  Kennzeichne in jedem Wort die schwierige Stelle.

Bilderrätsel

2 Löse die Rätsel.
  Schreibe die Lösungswörter in der Mehrzahl und in der Einzahl auf.

Wörterräder

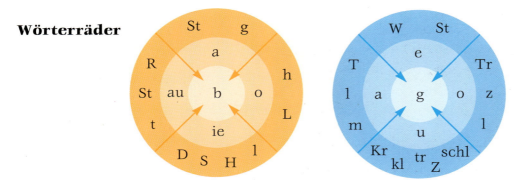

3 Bilde die Wörter, die in den Wörterrädern versteckt sind.
  Schreibe sie auf. Verändere sie so, dass du *b* und *g* hören kannst.
  Schreibe so: *der Stab – die Stäbe,*
  gab – sie gaben, sie geben

4 Erzähle die Geschichte „Riesenpech" zu Ende.

Vorschläge für die Adventszeit

- Bastelnachmittag machen
- einen Adventskalender basteln
- Girlanden aus Goldpapier
- Fenster mit Fensterbildern schmücken
- Christbaum aufstellen und schmücken
- Nusskerzen machen
- Kerzenleuchter aus Ton
- Sterne aus Goldpapier falten
- Tannenzweige an die Wände hängen

1 Sieh dir die Bilder an: Welche Vorschläge haben die Kinder ausgewählt?

2 Woher kannst du dir Ideen zum Basteln holen?
Denke an Bücher, Zeitschriften, ...

3 Sammelt Bastelvorschläge. Stellt sie vor.

4 Richtet eine Bastelecke im Klassenzimmer ein.

Adventskalender basteln

Christiane hat eine Idee für einen Adventskalender: Jedes Kind bastelt einen Nikolaus. Dieser wird mit kleinen Überraschungen gefüllt.

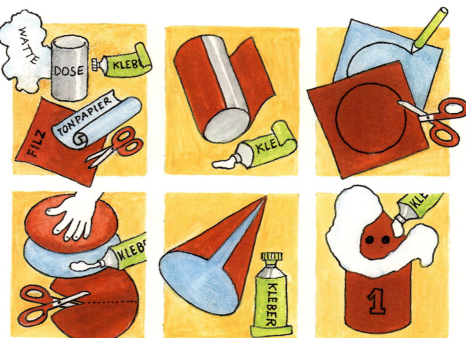

✎ 1 Sieh dir das erste Bild an. Schreibe auf, was du brauchst um den Nikolaus zu basteln:
<u>Materialliste</u>
1 leere Dose
…

Christiane hat die Bastelanleitung für die anderen Kinder aufgeschrieben. Dabei ist sie durcheinander gekommen:

Einen Nikolaus basteln

① Ich beklebe eine leere Dose mit rotem Filz. ② Dann zeichne ich einen Kreis auf Tonpapier und einen gleich großen Kreis auf Filz. ③ Die Kreise müssen viel größer sein als der Deckel der Dose. ④ Ich schneide die Kreise aus und klebe sie aufeinander. ⑤ Nun kann ich aus dem Halbkreis die Mütze formen. ⑥ Die Ränder klebe ich fest. ⑦ Den Kreis halbiere ich. ⑧ Zum Schluss bekommt der Nikolaus noch einen Wattebart, zwei schwarze Augen und eine Nummer auf den Bauch.

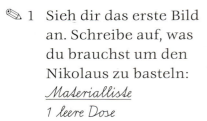

2 Vergleiche den Text mit den Bildern. Wo hat sich Christiane geirrt?

✎ 3 Schreibe die Bastelanleitung in der richtigen Reihenfolge auf.

4 Bastelt den Adventskalender.

5 Überlegt, womit ihr euch überraschen wollt.

Bastelwerkstatt

Bratäpfel backen

Britta und Tim machen Bratäpfel. ▢ ▢ haben die Arbeiten aufgeteilt: ▢ wäscht die Äpfel. Danach sticht ▢ das Kerngehäuse aus. ▢ hackt die Haselnüsse klein. Dann verrührt ▢ Marmelade, die gehackten Nüsse, Kondensmilch und Zimt. Anschließend fettet ▢ das Backblech ein. ▢ legt die Äpfel auf das Blech und füllt sie. Zum Schluss bestreut ▢ die Äpfel mit Zucker und setzt Butterflöckchen darauf.

1 Lies den Text. Durch welche Wörter hast du die Bilder ersetzt?

2 Vergleicht eure Lösungen.

3 Schreibe den Text auf.

Bastelnachmittag mit Eltern

Tims Vater und der Hausmeister bereiten den Raum vor.
Tims Vater und der Hausmeister tragen Stühle und Tische herein.
Dorotheas Mutter hat sich eine Überraschung ausgedacht.
Dorotheas Mutter kocht Kinderpunsch.
Annas Opa hat einen Weihnachtsbaum geschlagen.
Annas Opa stellt ihn im Klassenzimmer auf.
Die Kinder hängen Strohsterne an den Baum.
Die Kinder freuen sich auf einen gemütlichen Nachmittag.

4 Lies den Text mit flüsternder Stimme. Manche Textstellen klingen etwas steif. Probiere, wie du die Stellen verändern kannst.

5 Schreibe den Text mit deinen Veränderungen auf.

Substantive können durch Pronomen (Fürwörter) ersetzt werden.
ich, du, er, sie, es, wir, ihr, sie (alle) sind Pronomen (Fürwörter).

Wörter mit *ck* üben
Trennung von *ck* **Rechtschreiben**

Bastelwerkstatt 43

In diesem Nikolaussack steckten Wörter mit *ck*:

S**a**ck ★ p**a**cken ★ Schn**e**cke ★ D**e**cke ★ pfl**ü**cken
schm**ü**cken ★ Z**u**cker ★ h**a**cken ★ st**e**cken ★ tr**o**cken
l**e**cker ★ w**e**cken ★ schm**e**cken ★ dr**ü**cken ★ R**ü**cken
b**a**cken ★ H**a**cke ★ J**a**cke ★ zur**ü**ck ★ Br**ü**cke ★ d**i**ck
Ecke ★ schl**e**cken ★ L**a**ck ★ R**o**ck ★ S**o**cken ★ Fl**o**cken

✎ 1 Schreibe die Wörter ab. Kennzeichne den kurz gesprochenen Selbstlaut.
Oder: Suche Reimwörter und schreibe sie auf.
Oder: Übe die Wörter als Partnerdiktat und als Dosendiktat.

In der Weihnachtsbäckerei

Musik und Text:
Rolf Zuckowski

Refrain: In der Weih-nachts-bä-cke-rei gibt es man-che Le-cke-rei. Zwi-schen Mehl und Milch macht so man-cher Knilch ei-ne rie-sen-gro-ße Kle-cke-rei, in der Weih-nachts-bä-cke-rei, in der Weih-nachts-bä-cke-rei.

2 Das ist der Anfang eines Liedes. So werden Liedtexte unter die Noten geschrieben. Achte besonders auf die Wörter mit *ck*.

✎ 3 Wähle 10 Wörter mit *ck* aus dem Nikolaussack aus und trenne sie.
Beachte: Nicht alle Wörter lassen sich trennen.
Schreibe: *Trennung von ck*
   schmecken, schme-cken, ...

Sammelwörter

*die Wand · die Brücke · jetzt · der Rücken · die Ecke · trocken · zurück
schneiden · das Bild · die Kartoffel · dick · der Zucker · der Rock
der Lehrer · die Lehrerin · die Jacke*

44 Bastelwerkstatt

Nach dem Basteln wird aufgeräumt

1 Schreibe auf, was die Kinder und ihr Lehrer zueinander sagen.
  Schreibe den Text mit Redebegleitsätzen.
  Die wörtliche Rede musst du in Anführungszeichen setzen:
  <u>Nach dem Basteln</u>
  Herr Berg ruft: „Ihr könnt die Fensterbilder jetzt aufhängen."
  Claudia ...

2 Unterstreiche die Pronomen (Fürwörter).

fragen
sagen
beschließen
entscheiden
antworten
rufen

Der Bratapfel

Kinder, kommt und ratet,
was im Ofen bratet!
Hört, wie es knallt und zischt!
Bald wird er aufgetischt,
der Zipfel, der Zapfel,
der Kipfel, der Kapfel,
der gelbrote Apfel.

Sie pusten und prusten,
sie gucken und schlucken,
sie schnalzen und schmecken,
sie lecken und schlecken
den Zipfel, den Zapfel,
den Kipfel, den Kapfel,
den knusprigen Apfel.

Fritz und Emilie Kögel

3 Übe das Gedicht ausdrucksvoll zu sprechen.

4 Schreibe das Gedicht ab und gestalte es.
  Du kannst zum Beispiel jede Strophe in eine Apfelform schreiben.

Bastelwerkstatt 45

Übungstext

Bastelnachmittag

Die Kinder basteln Weihnachtsschmuck. Einige schneiden aus Buntpapier Sterne aus. Andere malen Bilder für die Wand. Sven druckt mit Kartoffeln. Grit zeichnet einen Weihnachtsmann auf einer Brücke. Er trägt einen dicken Sack auf dem Rücken. Die Farbe ist noch nicht trocken. Jetzt hat Grit zwei Flecken auf Rock und Jacke. Zum Schluss kommen Scheren und Farben in die Ecke zurück. Die Lehrerin teilt Zuckerkuchen aus.

Wörter mit *ck*

✎ 1 Schreibe die Wörter mit *ck* geordnet auf: <u>Wörter mit ck</u>
   Decke, …
   …

Schnecke, Decke, Flecken, Ecke, Socken, hecke, Mücke, Stücke, Locke

Reimwörter

Flocken	backen	Rücken	lecken	picken
L…	h…	b…	w…	n…
S…	p…	pfl…	st…	sch…
tr…		schm…	schl…	

✎ 2 Schreibe die Reimwörter auf.
   Oder: Spielt Bingo mit *ck*-Wörtern.

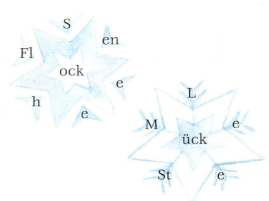

Nikolaus kommt in die Schule

Die Kinder … das Klassenzimmer.
Tobias und Julia sehen den Nikolaus zuerst.
Er trägt einen großen … auf dem … An seinem
Mantel hängen … Jedes Kind bekommt ein
… mit süßen Sachen. Die … … besonders …

Sack
Nussecken
Päckchen
Schneeflocken
lecker
Rücken
schmücken
schmecken

✎ 3 Setze die passenden Wörter ein und schreibe den Text.

Miteinander sprechen — über ein Gedicht und Schenken nachdenken

46 Vom Wünschen und Schenken

Liebe Aygün!
Schenk mir deine Wörter,
schenk sie mir bald,
Wörter für Himmel,
für Sonne und Wald,
Wörter für Wiesen
mit Blumen bestreut,
Wörter für Flüsse,
für unendlich weit.

Wörter für Schafe
mit Fellen ganz dicht,
Wörter für Türme
wie Glas so licht,
Wörter für Freundschaft,
für Frieden und Liebe
sind Wörter für Kinder,
für unsere Spiele.

Marianne Kreft

1 Lest das Gedicht vom Schenken.
Sprecht darüber, was in diesem Gedicht verschenkt wird.

2 Welche Wörter möchtest du verschenken? Schreibe sie auf und male dazu.

3 Lass dir von Kindern deiner Klasse Wörter in anderen Sprachen schenken.
Gestalte mit diesen Wörtern eine Schmuckseite.

4 Du kannst auch ein Gedicht verschenken.
Wähle ein Gedicht aus, das dir besonders gut gefällt.
Schreibe es auf und verschenke es.

5 Bald ist Weihnachten. Wem möchtest du etwas schenken?
Überlegt euch gemeinsam noch weitere Vorschläge für besondere Geschenke.

Briefe und Karten schreiben und gestalten
Schreibung von Anredewörtern

Texte verfassen

Vom Wünschen und Schenken

Für den letzten Schultag hat sich die Klasse etwas Besonderes einfallen lassen. Jedes Kind soll einen Wunschbrief geschenkt bekommen.

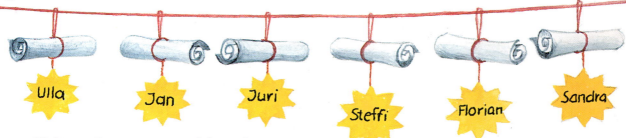

Steffi liest ihren Wunschbrief vor.

> Liebe Steffi,
> ich wünsche dir, dass du das Lied bei unserer Weihnachtsfeier heute Abend gut flöten kannst. Ich wünsche dir auch schöne Weihnachten.
>   Dein Florian

1 Überlege dir für ein Kind aus deiner Klasse einen ganz besonderen Wunsch.
   Schreibe und gestalte damit einen Wunschbrief.
   Die Anredewörter *du, dein, dich, dir* werden kleingeschrieben.
   Den Anfangsbuchstaben beim Gruß musst du großschreiben.

Alles Gute   Gesundheit

viel Freude an dem Geschenk   gesegnetes Weihnachtsfest

viel Glück im neuen Jahr   Bis bald

schöne Weihnachtsgeschenke   Spaß in der Schule

Herzliche Grüße   Viele Grüße

2 Schreibe und gestalte für deine Eltern, Geschwister, Großeltern, Freunde ... eine Weihnachtskarte.

48 Vom Wünschen und Schenken

Warten ist schwer

... ist verschlossen.
... flüstern und rascheln hinter der Tür.
... warten gespannt in der Küche.
Wann beginnt endlich ... ?
... huscht neugierig über den Flur.
„... müssen wohl noch etwas warten", sagt Anne.
... vergeht ganz, ganz langsam.

die Zeit   Vater und Mutter   Florian und Anne   die Bescherung   das Wohnzimmer   Florian   wir

1 Lies den Text. Ergänze die Sätze mit den Satzgliedern.

2 Schreibe den Text auf. Unterstreiche die Satzglieder, die du ergänzt hast.

Endlich ist Weihnachten!

Ein Weihnachtslied erklingt.
Anne spielt auf der Flöte.
Vater liest das Verschenk-Gedicht von Anne.
Die Sterne hängen am Weihnachtsbaum.
Mutter bewundert den bemalten Stein.
Florians Bild liegt unter dem Baum.

3 Finde heraus, wie nach den unterstrichenen Satzgliedern gefragt wird. Überlege, wann du mit *Wer?* und wann du mit *Was?* fragen musst.

4 Schreibe die Fragen und Antworten so auf:
Endlich ist Weihnachten!
Was erklingt? ein Weihnachtslied
Wer spielt auf der Flöte? Anne

> Das Satzglied, das du mit der *Wer*- oder *Was*-Frage herausfindest, nennt man Subjekt (Satzgegenstand).

Vom Wünschen und Schenken

Was wünscht sich Opa?

Opa hat sich zu Weihnachten eine Uhr gewünscht. Anne und Florian sind ratlos. Denn Uhren gibt es viele: Küchenuhren, Pendeluhren, Armbanduhren ...

Turm · Kuckuck · Spiel · Eier · Wand · Tasche · Bahnhof

1 Was gibt es noch für Uhren?
Bilde zusammengesetzte Substantive mit *Uhr* und schreibe sie auf: *die Kuckucksuhr,* ...

> Mit zusammengesetzten Substantiven kann man etwas genauer bezeichnen.
> Sie gliedern sich in Grundwort und Bestimmungswort.
> die **Wand**uhr
> Bestimmungswort   Grundwort

2 Unterstreiche in allen Wörtern der Aufgabe 1 Grundwort und Bestimmungswort mit unterschiedlichen Farben.

3 Erkläre deine neuen Wörter:
Wanduhr: eine Uhr, die an der Wand hängt
Bahnhofsuhr: ...
Was haben alle Uhren gemeinsam?

4 Was für Uhren brauchen die Personen? Schreibe Sätze.

Sammelwörter

die Eltern · zählen · die Wahl · wählen · die Bahn · leuchten · wahr · Wahrheit · falsch

Weihnachtswünsche

Irina

Julia

Jan

Giovanni

✎ 1 Schreibe auf: *Weihnachtswünsche*
Giovanni wünscht sich einen Weihnachtsbaum.

✎ 2 Untersuche die Sätze. Frage nach dem Subjekt (Satzgegenstand).
Unterstreiche es.
Oder: Sammle Weihnachtswünsche in der Klasse.
Schreibe die Sätze auf und kennzeichne das Subjekt (Satzgegenstand).

Was passt zusammen?

Anne ...	... singen Weihnachtslieder.
Ich ...	... brennen.
Goldene Sterne ...	... spielen den Eltern ein Lied vor.
Tim und Julia ...	... hängen an den Fenstern.
Wir ...	... wünscht sich eine Eisenbahn.
Viele Kerzen ...	... male ein Bild.
Die Kinder ...	... schreiben Wunschkarten.

✎ 3 Bilde Sätze und schreibe sie auf.
Unterstreiche das Subjekt (Satzgegenstand).

Klassenfeier

... plant eine Weihnachtsfeier. Dazu müssen ... viel vorbereiten. ... probt ein Weihnachtsspiel. ... spielen auf ihren Flöten. ... üben fleißig. ... lernt ein Gedicht. Bald kann ... es auswendig. Heute schreibt ... eine Einladungskarte. ... ist geschmückt. ... kann beginnen.

das Zimmer   das Fest   er   Anne und Sonja   die Kinder   Felix   jedes Kind   sie   die Klasse 3   die Theatergruppe

✎ 4 Schreibe die Sätze ab und setze passende Subjekte (Satzgegenstände) ein.

Vom Wünschen und Schenken 51

Übungstext

Bald ist Weihnachten

Die Kinder aus der Klasse 3b zählen schon die Tage bis zum Fest.
Sie bereiten ein Programm für die Eltern vor. Jeder kann wählen, was er zeigen will. Pedro singt ein Lied. Ellen trägt ein Gedicht vor. Gabi schlägt ein lustiges Spiel vor: „Wahr oder falsch?" Die Kinder falten Sterne aus Papier. Sie leuchten, wenn man sie ans Fenster hängt.

Zusammengesetzte Substantive mit *Bahn*

1 Bilde zusammengesetzte Substantive mit *Bahn*. Unterstreiche das Grundwort.

2 Sammle Wörter, in denen *Bahn* Bestimmungswort ist:
die Bahnfahrt, die Bahnschranke, …

rutschen Eisen Straße **Bahn** Auto Seil Eis

Weihnachtswörter

3 Bilde zusammengesetzte Substantive mit *Weihnachten* und schreibe sie mit Artikel auf: *das Weihnachtslied, …*

4 Erzähle eine Geschichte über deinen größten Wunsch.
Oder: Schreibe einen Wunschzettel für deine Eltern auf.

Weihnachten

Ferien Baum Musik Karte Wunsch Geschenk Fest Geschichte Spiel Lied Feier

Es geht auch kürzer

ein Ring fürs Ohr – der Ohrring
ein Topf mit Blumen – …
eine Anleitung zum Basteln – …
eine Zeitung, die jeden Tag kommt – …

5 Bilde ein kürzeres Wort und schreibe es auf. Unterstreiche jeweils das Grundwort.

Wo ich wohne

Das Haus

Das erste Haus war eine Höhle,
das zweite war vielleicht ein Zelt,
so gab es mancherlei Behausung,
wo Menschen sind auf dieser Welt.

Wie viele haben keine Ahnung,
was alles mitlebt in dem Haus:
die Spinne und die Kellerassel,
der Holzwurm und die Fledermaus.

Wenn Mensch und Tier das Haus nicht hätten,
es wäre furchtbar, wie sie frören!
Sie hätten weder Herd noch Betten.
Drum soll man Häuser nicht zerstören.

Eva Rechlin

1 Die Kinder der Klasse 3 zeigen, wo sie zu Hause sind.
   Sprecht über die Unterschiede.

2 Erzähle, wo du wohnst und wie du wohnst.

3 Das Gedicht erzählt von „mancherlei Behausung"
   und warum man Häuser nicht zerstören soll. Sprecht darüber.

Geschichten in der Schreibwerkstatt besprechen
Texte verfassen

Wo ich wohne 53

Manche Menschen wohnen auf einem Hausboot. Sie leben dort für ein paar Wochen im Sommer oder für immer. Imke hat die Ferien auf einem Hausboot verbracht. Sie schreibt darüber eine Geschichte:

> Ich war in den Herbstferien bei meiner Tante. Die Tante wohnt in Bremerhaven. Die Tante wohnt auf einem Hausboot. Meine Tante wohnt da aber nur vom Frühling bis zum Herbst. Im Winter wohnt meine Tante in Bremen. Das war schön.

Die Kinder der Klasse 3 wollen die Geschichte drucken. Vorher sprechen sie über den Text und machen Verbesserungsvorschläge:

- Erzähle doch ein bisschen mehr vom Hausboot.
- Lass doch die ersten beiden Sätze zusammenwachsen.
- Du schreibst so oft Tante.
- Der letzte Satz kommt so plötzlich.

1. Überlege, welche Vorschläge du annehmen möchtest. Schreibe Imkes Text neu.

2. Denke dir selbst eine Hausboot-Geschichte aus. **Oder:** Erzähle, wie du einmal gewohnt hast: Zelt, Hütte, Wohnwagen, Hochhaus ...

Wo ich wohne

Ein gemütlicher Abend

Kamin	dampft
Sofa	hört
Katze	knistert
Teekanne	schläft
Feuer	schnurrt
Flamme	liest
Sessel	schlummert

1 Beschreibe den gemütlichen Abend.
   Du kannst die Wörter benutzen. Was passt zusammen?

2 Schreibe einige Sätze auf.
   Frage nach dem Subjekt (Satzgegenstand).
   Unterstreiche das Subjekt (Satzgegenstand).

3 Untersuche jedes Subjekt (Satzgegenstand) mit Hilfe
   der Frage: Was wird über das Subjekt ausgesagt?
   Beispiel: *Das Feuer knistert*.
   Rahme die Satzaussagen ein.

Was später geschieht

Später ... Vater, Mutter und Micha ein Würfelspiel.
Micha ... zweimal hintereinander eine Sechs.
Vater ... als erster eine Figur durch das Ziel.
Mutter ... ... Am Ende ... Micha das Spiel.

spielen
bringen
gewinnen
würfeln
aufholen

4 Schreibe ab und ergänze die richtige Verbform.

Der Satzteil, welcher eine Aussage über das Subjekt (Satzgegenstand) macht,
heißt Prädikat (Satzaussage). Das Verb im Satz ist das Prädikat.

Der Junge **hört** *Musik.*
Subjekt   Prädikat

Grippewetter

<u>Draußen</u> ist es kalt und <u>nass</u>. Das Thermometer <u>außen</u> am Fenster zeigt nur sechs Grad an. Alexander spielt mit seiner Schwester im Kinderzimmer. Aber heute macht ihm nichts <u>Spaß</u>. Er fühlt sich krank. Sein Hals tut weh und er hat <u>großen</u> Durst. Seine Mutter bringt ihm eine Halstablette. Die schmeckt schön <u>süß</u>. Wenn er sich jetzt ins Bett legt, geht es ihm bestimmt bald besser.

1 Schreibe die unterstrichenen Wörter ab. Übermale ss und ß.
Wann schreibst du ss, wann ß?

Was passt zusammen?

Tür · Riese · Fuß · Hund · Geburtstag · Spiel · Film · Schweiß

Perlen · Riss · Platz · Ball · Straße · Schloss · Spaß · Biss · Gruß

2 Bilde zusammengesetzte Substantive. Schreibe sie mit Artikel auf.
Unterstreiche in jedem Beispiel das Wort mit ss oder ß: *der Fuß̲ball̲, ...*

Verwandte gesucht

beißen · grüßen · reißen · stoßen · spaßen · schließen

3 Suche zu jedem Verb ein verwandtes Substantiv und schreibe die Wörter auf.
Unterstreiche ss und ß.
Schreibe: *beißen, der Biss̲, ...*

Sammelwörter

rennen · freundlich · der Verkehr · der Besuch · besuchen · das Zimmer
der Herr · die Treppe · beißen · reißen · vielleicht · der Gruß · nichts
wohnen · die Wohnung · schließen · ziehen · draußen · stoßen · der Raum

Wo ich wohne

Der Zeichner Erwin Moser hat sich dieses Baumhaus ausgedacht.
Kinder haben angefangen das Haus zu beschreiben.

... sitzt auf einem Ast.

... brennt auf dem Nachttisch.

... hängt an der Baumwand.

... liegt auf dem Schreibtisch.

... steht vor dem Schreibtisch.

... führen hinunter.

... steht im Keller.

Das Bücherregal   Zwei Leitern   Der Uhu   Der Brief

Eine Kerze   Eine Schatztruhe   Ein Stuhl

1 Bilde Sätze. Ordne die passenden Subjekte (Satzgegenstände) zu.

2 Schreibe die Sätze auf. Rahme das Verb ein.

3 Stelle die Sätze um. Es sollen Aussagesätze bleiben.

4 Überlegt gemeinsam: Was fehlt noch im Baumhaus?
Notiert es in Aussagesätzen.
Oder: Erzähle eine Geschichte zu dem Bild.
Oder: Male ein Erzählbild, wie dein Baumhaus aussehen soll.

Wo ich wohne 57

Übungstext

Der Umzug

Jana zieht mit ihren Eltern in eine neue Wohnung um. Mutter schließt die Tür auf. In den Räumen steht noch nichts. Jana sieht aus dem Fenster ihres Zimmers. Draußen hält Vater mit dem Möbelwagen. Es ist kaum Verkehr auf der Straße. Jana rennt die Treppe hinunter. Freundlich grüßt sie den neuen Nachbarn, Herrn Schmidt. Im Briefkasten liegt ein Gruß von Oma. Vielleicht kommt sie bald zu Besuch.

Für Buchstaben-Detektive

```
        3  9  ?              1  ST          1   5  8  ?  6
                             2  D
4  5  9  ?                   3  F           12  11 10  ?
                             4  G
   8  9  ?  6  7             5  R         2  5  8  9  ?  6  7
                             6  E
                             7  N
                             8  A
                             9  U
                            10  O
                            11  L
                            12  SCH
```

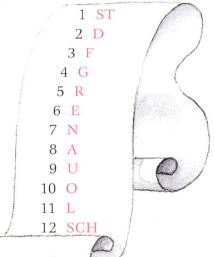

✎ 1 Löse das Zahlenrätsel.
　　Welcher Buchstabe fehlt?
　　Schreibe die vollständigen Wörter auf. Achtung! Ein Kuckucksei ist dabei.

Welches Verb passt?

in den Apfel …　　　schließen

　　　　beißen　　　　　　die Lehrerin freundlich …　　stoßen

　　　　　　die Tür leise …　　reißen

das Papier in Stücke …

　　　　grüßen　　die Kugel weit …

✎ 2 Schreibe ab und setze die richtigen Verben ein.
　　Oder: Verwende die Wortgruppen in Sätzen:
　　Holger stößt die Kugel weit. Britta …　Übermale ß.

Miteinander sprechen — aus einem Bild Informationen entnehmen / ein Interview machen

58 *Reise in die Vergangenheit*

Schöne Zeiten?

1 Sprecht über das Bild.
  Diese Art der Zeichnung nennt man Karikatur.

2 Als eure Großeltern so alt waren wie ihr jetzt,
  gab es kaum Autos. Das Leben war anders
  (Verkehr, Haushalt, Schule, ...). Lasst euch davon erzählen.
  Vielleicht könnt ihr ein Interview mit Leuten machen,
  die jetzt ungefähr 60 Jahre alt sind. Nehmt es auf Kassette auf.

3 Eine Zeit ohne Autos:
  Denkt darüber nach und besprecht es.

4 Sammelt Bilder und Gegenstände, die von früheren Zeiten erzählen.
  Informiert euch in Büchern. Macht eine Ausstellung.

Morgen ist heute gestern. Vorgestern war gestern morgen.

Geschichten erfinden | **Texte verfassen**

Reise in die Vergangenheit 59

Maximilian hat in einem Buch lustige Bilder über das Radfahren vor 150 Jahren gefunden. Er schreibt darüber eine Geschichte:

Herr Klein wollte sich ein Laufrad kaufen. Aber zuerst musste er fahren lernen. Der Laufrad-Lehrer gab ihm ein nagelneues Rad. Aber, o weh! Herr Klein hatte zu kurze Beine. Nur die Zehenspitzen berührten den Boden. Er bemühte sich sehr und bewegte sein Fahrrad ganz langsam vorwärts …

1 Schreibe die Geschichte weiter. Das Bild hilft dir dabei.
Oder: Schreibe eine Geschichte über eine Kutschfahrt, einen Ausflug mit dem Hochrad, eine Fahrt in einer alten Eisenbahn, …

Sprache untersuchen — Verben in verschiedenen Zeitformen

60 Reise in die Vergangenheit

Aus einer alten Zeitung:
Am 7. Dezember 1835 strömten viele Menschen nach Nürnberg und Fürth. Zwischen diesen Städten fuhr zum ersten Mal in Deutschland eine Eisenbahn. Die Zuschauer unterhielten sich aufgeregt. Sie bestaunten die eiserne Dampf-Lokomotive. Kinder weinten, die Erwachsenen fürchteten sich, als sie Dampf ausstieß.

Die Eisenbahn in Deutschland

Eine Reportage von heute:
Viele Menschen strömen in den Magdeburger Hauptbahnhof. Heute fährt zum ersten Mal ein ICE in den Bahnhof. Die Zuschauer unterhalten sich aufgeregt. Sie bestaunen die Lok und die Wagen des ICE.

1 Vergleiche den Zeitungsbericht von früher mit dem Bericht des Reporters. Woran erkennst du, dass von früher und von heute erzählt wird.

2 Vergleiche die Verben in beiden Texten miteinander. Was stellst du fest?

3 Stelle die Verben gegenüber. Schreibe:

früher	heute
strömten	...

Eine Reise mit der Eisenbahn

Manchmal ... Mutter und Max in die Stadt. Dort ... sie Eier und Butter. Sie ... mit dem Zug. In den Wagen der 1. Klasse ... feine Leute. Eine Frau ... einen Hut mit Schleier. Auf ihrem Schoß ... ein Mops. In den Wagen der 3. Klasse ... die Bänke aus Holz. Dort ... zwei Handwerksburschen. Neben Max ... ein Korb mit Enten. Dieser ... einem Bauern, der auch in die Stadt ...

reisen/reisten
verkaufen/verkauften
fahren/fuhren
sitzen/saßen
sitzt/saß
gehört/gehörte
steht/stand
will/wollte
sind/waren
schlafen/schliefen
trägt/trug

4 Setze die passenden Verben ein und lies den Text. Von welcher Zeit erzählt er?

5 Schreibe den Text vollständig auf.

> Verben können in verschiedenen Zeitformen auftreten:
> *sie fahren*   *sie fuhren*
> Gegenwartsform   Vergangenheitsform
> Manchmal verändert sich in der Vergangenheitsform der Wortstamm.

Wörter mit ie üben **Rechtschreiben**

Reise in die Vergangenheit 61

Das erste Auto

Carl Benz baute das erste Fahrzeug, das von einem Motor angetrieben wurde. Bei seinem ersten Ausflug blieben die Leute stehen und staunten über das Wunderding. An jeder Steigung mussten Berta und Carl aussteigen und das Auto schieben. Aber trotzdem erreichten sie ihr Ziel.

1. Schreibe ab und unterstreiche die Wörter mit *ie*. Kennzeichne *ie* farbig.

> lie ‹ schie ‹ frie ‹ sie ‹ flie ‹ gen ‹ ben ‹ ren ‹ len ‹ gen

2. Setze Wörter zusammen und schreibe sie. Es gibt mehrere Möglichkeiten.

> schieben – schie☐en   liegen – lie☐en   fließen – flie☐en

3. Verändere einen Buchstaben und du bekommst ein anderes Wort. Schreibe die Wörter ab und ergänze die fehlenden Buchstaben.

4. Finde zu diesen Anfangsbuchstaben ein Wort mit *ie*: B, D, R, S, W. Benutze das Wörterbuch.

Rätselecke

Es hat sieben Häut   Loch an Loch   Das ist nur für ganz Kleine.
und beißt alle Leut.   und hält doch.   Große haben zu lange Beine.
Zwiebel   *Sieb*   *Wiege*

5. Denke dir selbst Rätsel aus, deren Lösungswörter ein *ie* enthalten.

Sammelwörter

*frieren · kommen – sie kam · sie blieb · es gab · rechnen · der Zug
er las · früher · die Aufgabe · halten – er hielt · schieben · fleißig
sie ging · das Ziel · er fuhr · schwierig · die Pause · viel*

62 Reise in die Vergangenheit

Ein Schnurps grübelt

Also, es war einmal eine Zeit,
Da war ich noch gar nicht da.
Da gab es schon Kinder, Häuser und Leut'
Und auch Papa und Mama,
Jeden für sich –
Bloß ohne mich.   *Michael Ende*

1 Frage deine Eltern, wie es war, als es dich noch nicht gab.
  Sprecht darüber im Erzählkreis.

Tinas Mutter erzählt:

Als ich noch ein Kind ... , ... ich die Schule
im nächsten Dorf besuchen. Die war
zwei Kilometer weg. Es ... noch keinen
Schulbus. Wir ... auch kein Auto.
Ich ... mit dem Fahrrad zur Schule.
Im Winter ... ich oft zu Fuß.
Wenn viel Schnee ... , ... ich zu Hause.

fahren/fuhr
müssen/musste
geben/gab
haben/hatten
sein/war
liegen/lag
bleiben/blieb
gehen/ging

2 In dem Text fehlen Verben in der
  Vergangenheitsform. Setze die richtigen Formen ein
  und schreibe den Text ab.

3 Lass dir ein Erlebnis aus der Kindheit deiner Eltern erzählen.
  Schreibe es auf.
  Verwende die Verben in der Vergangenheitsform.

Wörterschlange

4 In der Wörterschlange stecken lauter Vergangenheitsformen.
  Schreibe die Wörter und ihre Nennform auf.

Reise in die Vergangenheit

Übungstext

Schule früher

Früher <u>gingen</u> alle Kinder gemeinsam in eine Klasse.
Es <u>gab</u> nur einen Lehrer. Er <u>hielt</u> alle Stunden.
Die Schüler <u>lasen</u> vor oder <u>rechneten</u>. Fleißige Schüler
<u>halfen</u> den anderen bei schwierigen Aufgaben.
In der Pause spielten sie: Steinchen in ein rundes Ziel
schieben. Die Kinder <u>kamen</u> zu Fuß zur Schule.
Es <u>fuhren</u> kaum Busse und Züge. Im Winter <u>mussten</u>
sie in der Schule oft frieren. Wenn viel Schnee <u>lag</u>,
<u>blieben</u> sie zu Hause.

1 Schreibe alle unterstrichenen Verbformen aus dem Text.
   Suche die Nennform dazu und schreibe sie daneben.

Wörter mit *ie*

2 Bilde Wörter   W   ge   St   l
   und schreibe sie auf. R   ie se   S   g
   Kennzeichne *ie*.   schw   rig   Br ie f
                                        l   b
                                        T   r

Wenn Riesen niesen

Sieben Riesen,
   die mit bloßen Füßen
      über nasse Wiesen liefen,
   niesten mit ihren Riesennasen so laut,
      dass von diesem Riesenniesen
         sieben Wieselkinder,
      die in dunklen Zimmern schliefen,
   aufwachten und „Gsundheit" riefen.

Josef Guggenmos

3 Lies das Gedicht.

4 Gestalte mit dem Gedicht ein Schmuckblatt.

Saurier und Drachen

In der Klasse 3 ist das Saurier-Fieber ausgebrochen.
Jeder weiß etwas über die Dinos.
Florian hat sogar an eine Zeitung geschrieben.

Königslutter, d. 12. 9.

Florian Groß
Elmstraße 4
38154 Königslutter

EINGEGANGEN
14. Sept.
Erl. ....

Filmkritik „Jurassic Park"

Sehr geehrter Herr Müller!
Ihren Bericht über den Film „Jurassic Park" habe ich gelesen. Dabei ist mir eine Verwechslung aufgefallen. Nicht der T. rex, sondern die Velociraptoren werden mit dem Rind gefüttert! Aber sonst finde ich Ihren Artikel super.

Viele Grüße
Florian (9 J.)
aus Königslutter am Elm

1. Was wisst ihr über Saurier?
   Berichtet im Erzählkreis. Befragt eure Experten.

2. Tragt Tatsachen zusammen. Macht eine Saurier-Ausstellung.

Geschichten gemeinsam erfinden und weitererzählen
Schreibwerkstatt
Texte verfassen

Saurier und Drachen 65

„Bin ich wach oder träume ich?",
dachte Felix Fischel, als er eines Morgens
aufwachte und in seinem Zimmer ein
Drache saß. Ein ganz kleiner Drache,
so groß wie ein Kätzchen. Felix streichelte
ihm den Kopf und der kleine Drache
wedelte fröhlich mit dem Schwanz.
Felix ging nach unten. Er erzählte seiner
Mutter von dem Drachen.
„Drachen gibt's doch gar nicht!",
sagte seine Mutter.
Und das klang so,
als meinte sie das auch.

Jack Kent

So beginnt die Geschichte „Drachen gibt's doch gar nicht" von Jack Kent.

1 Studiere die Einleitung und das Bild genau. Was erfährst du über Felix und den Drachen?

2 Wie könnte die Geschichte weitergehen? Sammelt in Gruppen Gedanken, Ideen, ... Tragt die Ideen der Klasse vor. Ordnet sie.

3 Wie könnte die Geschichte enden? Sprecht über eure Vorschläge.

4 Schreibe deine Geschichte auf. Der Anfang steht schon da. Beginne mit dem Hauptteil:
*Felix ging wieder nach oben in sein Zimmer und zog sich an.
Der Drache strich um ihn herum und wedelte mit dem Schwanz.
Aber Felix streichelte ihn nicht mehr ...*

5 Lest euch eure Geschichten vor und sprecht darüber.

Sprache untersuchen — Vergleich von Texten in verschiedenen Zeitstufen
verschiedene Möglichkeiten Zeitstufen auszudrücken

66 *Saurier und Drachen*

Tiere aus der Urzeit

Vor ungeheuer langer Zeit lebte der **Tyrannosaurus Rex**. Er war vierzehn Meter lang und sechs Meter hoch. Im Maul trug er fünfzig scharfe Zähne. Mit denen zerriss er tote Tiere. Er bewegte sich nur langsam über die Erde. Am Oberkörper hingen zwei Stummelarme. Damals gab es nur 1500 verschiedene Landtiere. Es gab noch keine Menschen.

Noch heute gibt es Tiere aus der Urzeit. In Amerika lebt die **Kammeidechse**. Ihr schuppiger Kamm reicht vom Kopf bis zum Schwanz. Ein seltsames Tier gibt es in Australien: das **Schnabeltier**. Es legt Eier und säugt seine Jungen. Es schwimmt wie eine Ente.

1 Untersuche die Texte. In den Texten gibt es Wörter, an denen du erkennen kannst, ob der Text von früher oder von heute handelt. Welche Wörter sind das?

2 Stelle die Verbformen in einer Liste gegenüber:

Text 1	Text 2
lebte	gibt
...	...

Saurier Park

In der nächsten Woche werden wir den Saurier-Park in Kleinwelka besichtigen. Kleinwelka liegt in Sachsen. Wir werden dort 20 lebensgroße Saurier sehen. Franz Gruß hat sie aus Eisen und Beton gebaut. In den nächsten Jahren werden weitere Modelle entstehen.

3 In welchen Sätzen wird ein zukünftiges Geschehen ausgedrückt? Schreibe die Sätze auf.

4 Unterstreiche die Verbformen. Was fällt dir auf?

> Verben können in der Zukunftsform auftreten:
> *wir werden besuchen*

Wörter mit Umlauten üben **Rechtschreiben**

Saurier und Drachen 67

Saurier und Drachen

Saurier haben wirklich gelebt.
Drachen hat es nie gegeben.
In der Fantasie der Menschen
sind Saurier und Drachen verwandt.

Seit mehr als 3000 Jahren bauen die Menschen Drachen.
Dünne *Stäbe* spannen die Seide oder das Papier.
Sie fliegen über *Wälder, Gräben, Bäche, Hänge* und *Täler*.
Vergnügt sehen die Menschen ihren *Tänzen* zu.
Bei der Landung entstehen oft *Schäden* am Drachen.

1 Schreibe die Wörter mit ä ab und setze die Einzahl dazu.
 Überschrift: *Substantive mit ä*
  die Stäbe – der Stab

Reimwörter

Stamm	Gras	Wand	Schaden	Zahn
K ...	Gl ...	H ...	L ...	K ...
Schw ...		St ...		H ...

2 Suche die Reimwörter und bilde die Mehrzahl.

Was gehört zusammen?

schlagen:
der Schläger
oder
der Schlager?

	der Schläger	schlafen	
der Kläger	schlagen	der Schläfer	klagen
tragen	der Träger	jagen	der Jäger

3 Schreibe so: *jagen – der Jäger, klagen ...*

Sammelwörter

*erklären · der Saurier · jagen · der Jäger · die Zeitung · der Drachen
manche · das Gras · der Kamm · kämmen · der Zahn · er wusste*

Saurier und Drachen

Dinosaurier

... galten Dinosaurier als graue, dumme und langsame Tiere.
... malte man sie eintönig graugrün und braun. ... wissen
wir es besser. ... gibt es Poster, auf denen die Saurierköpfe blau,
rot und gelb schimmern. ... behaupten einige Forscher sogar,
dass sie singen konnten. Im Vergleich zu ... weiß man heute
viel besser über Saurier Bescheid. Die Menschen werden ...
immer mehr Geheimnisse entdecken.

inzwischen
heute
lange Zeit
früher
mittlerweile
noch vor zehn Jahren
nach und nach

1 Setze die passenden Wörter ein und schreibe den Text ab.
  Beachte die Großschreibung am Satzanfang.

2 Der Text enthält drei Zeitstufen. Kennzeichne sie mit verschiedenen Farben.

„Sie!!!"

Durch unsere Gegend spazierte,
die Landschaft mit Tritten verzierte
ein Saurier, hoch und dick
wie eine Fabrik.

Mir blieb die Spucke weg:
Solch ein Vieh!
Doch als er mir durch die Radieschen
marschierte, da rief ich: „Sie!!!"

Josef Guggenmos

3 Lest das Gedicht. Spielt es.

4 In welcher Zeitstufe spielt das Gedicht?
  Du erkennst es an der Form des Verbs.

5 Das Gedicht soll in der Gegenwart spielen.
  Schreibe es neu: *„Sie!!!"*
  Durch unsere Gegend spaziert,
  ...

6 Vergleicht beide Gedichte. Stellt ihr Unterschiede fest?

Saurier und Drachen

Übungstext

Menschen, Saurier und Drachen

Früher wussten die Menschen nicht, wie es Tag und Nacht wird. Sie konnten sich nicht erklären, warum es Frühling, Sommer, Herbst und Winter wird. Sie glaubten an einen Drachen, der alles steuert. Saurier gab es vor langer Zeit wirklich. Manche hatten spitze Kämme und scharfe Zähne. Sie jagten sich oft gegenseitig und waren gefährlich. Andere Saurier fraßen nur Gras. Mehr über Saurier kann man aus Büchern und Zeitungen erfahren.

Linda hat diese Zeichnung mit in die Schule gebracht. Die Kinder wollen eine Geschichte dazu erfinden. Sie sammeln Vorschläge.

Nico: Der Saurier kann sprechen. Er erzählt, wie er in die Schule gekommen ist.
Jana: Viele Menschen kommen in die Klasse um den Saurier zu sehen.
David: Der Saurier nimmt am Sportfest teil. Beim Wettlauf ist er ganz langsam. Aber beim Korbball ...
Anna: Er möchte wieder zurück zu seinen Saurier-Freunden.

1 Denke dir eine Geschichte aus. Entscheide, ob du das Bild als Anfang, Hauptteil oder Schluss verwenden willst.

2 Schreibe deine Geschichte.

3 Lest euch eure Geschichten vor. Sprecht darüber.

4 Gestaltet mit euren Geschichten ein Buch.

Niki und das Dreimeterbrett

Seitdem Niki schwimmen gelernt hatte, ging er oft mit den anderen Kindern in die Badeanstalt. Sie lag ganz in der Nähe und war das Schönste vom ganzen Sommer. Niki schwamm wie ein Fisch. Er tauchte, schlug Purzelbäume, planschte und prustete. Am liebsten wäre er den ganzen Nachmittag im Wasser geblieben. Nur vor einem fürchtete er sich: vor dem Sprungturm. Und deshalb bekam er einen gewaltigen Schreck, als der große Bernd sagte: „Los, heute springen wir alle vom Dreimeterbrett."

Irina Korschunow

1 Wie könnte die Geschichte weitergehen?

2 Hast du das auch schon erlebt? Erzähle darüber, wenn du möchtest.

3 Was findest du mutig, was nicht? Sprecht darüber im Gesprächskreis.

zu Bildern erzählen **Texte**
zu einem vorgegebenen Schluß eine Geschichte schreiben **verfassen**

Angst und Mut 71

So endet die Geschichte von Niki:

> Als der große Bernd am nächsten Tag grinsend sagte:
> „Spring mal vom Dreimeterbrett, du Feigling!",
> da kletterte Niki seelenruhig hinauf. Es machte platsch
> und bevor Bernd seinen Mund zugeklappt hatte,
> schwamm Niki schon unten im Wasser.

1 Wie konnte Niki seine Angst überwinden?
  Überlegt euch, was Niki und Opa im Schwimmbad gemacht haben.

2 Schreibe Nikis Geschichte.
  Oder: Überlegt euch Geschichten, auf die dieser Schluss passt:
  Mein Vater klopfte mir auf die Schulter und sagte: „Da warst du aber mutig."
  Schreibe deine Geschichte. Finde auch eine Überschrift.

Angst und Mut

Die Kinder der Klasse 3b geben zum Schulfest eine Zirkusvorstellung. Alle sind sehr aufgeregt, manche etwas ängstlich, weil sie vor so vielen Leuten auftreten sollen.

- Hoffentlich spricht Philipp lauter als sonst.
- Wir können nicht anfangen, die Zuschauer sind noch so laut.
- Anna war beim Probespringen sehr mutig.
- Die anderen Springer könnten ruhig noch etwas mutiger werden.

1 Lies die Gespräche. Achte besonders auf die Adjektive. Was fällt dir auf?

Die Vorstellung beginnt

Sascha jongliert mit zwei Bällen. Sie wirbeln schnell durch die Luft. Noch schneller geht es mit drei Bällen, aber am schnellsten arbeitet er mit vier Bällen. Dann kommen die starken Gewichtheber Nele, Mathias und Sandra.

2 Wie wird Saschas Leistung beschrieben? Suche die Vergleiche im Text.

3 Schreibe den Text ab. Unterstreiche die unterschiedlichen Formen des Adjektivs *schnell*.

Adjektive können gesteigert werden. Es gibt drei Stufen:

Nele ist stark.   *Mathias ist stärker.*   *Sandra ist am stärksten.*
Grundstufe   Mehrstufe   Meiststufe

Wörter mit Auslautverhärtung üben
Lösungshilfen anwenden **Rechtschreiben**

Angst und Mut   73

Von der Zirkusvorstellung der Klasse 3b waren alle begeistert:

Jörg: Die Nummer mit den Meerschweinchen war lusti☐.
Nana: Bei den Clowns musste ich lau☐ lachen.
Silke: Die Trampolinspringer fand ich muti☐.
Peter: Bei der Pyramide war es ganz ruhi☐ im Saal.

1 Lies den Text. Überlege, welchen Buchstaben du bei den Adjektiven ergänzen musst. Tobi hat eine Lösung gefunden.
Er verlängert das Wort: muti☐ – mutiger – mutig, …

✎ 2 Schreibe den Text auf. Kennzeichne bei den Adjektiven den Buchstaben, den du ergänzt hast.

Welche Wörter passen zusammen?

al☐   Brot   bun☐   Milch   leich☐   Banane   hal☐   Lösung
Fahrrad   run☐   Blätter   kal☐   Aufgabe   gel☐   Apfel   klu☐

✎ 3 Suche zu jedem Adjektiv ein passendes Substantiv.
Schreibe: *halb – der halbe Apfel, …*

Pech gehabt

Julia ist trauri☐. Weil sie sich beim Turnen verletzt hatte, konnte sie nicht zum Schulfest gehen. Dabei war sie so neugieri☐ auf Sebastians Zaubertrick. Beide hatten fleißi☐ geübt um ihn vorzuführen. Sebastian tröstet Julia: „Wenn du gesun☐ bist, proben wir neue Tricks. Beim nächsten Fest wollen wir gu☐ vorbereitet sein."

✎ 4 Schreibe den Text mit den richtigen Endbuchstaben auf. Mache die Lösungsprobe.

Sammelwörter

*das Licht · sie dachte · wandern · gestern · besser · die Hand · schlecht
als · fassen · halb · er stand · kühl · genug · breit · gut*

Angst und Mut

Beim Sportfest

Anna und Max gehen gemeinsam zum Sportplatz.
Sie gehören zu verschiedenen Gruppen, denn Anna ist ... als Max.
Beide haben ... geübt. Anna kann ... springen, aber Max läuft ...
Da begegnet ihnen Florian. Er ist der ... Sportler in Annas Klasse.
Die drei sind ... Freunde. Sie hoffen alle auf eine Urkunde.

höher
älter
schneller
fleißig
gute
beste

✎ 1 Schreibe den Text und setze die passenden Adjektive ein.

Knobelei

Isabel läuft <u>schneller als</u> Kati, aber nicht <u>so schnell wie</u> Tobi.
Tobi ist <u>größer als</u> Isabel, aber nicht <u>so groß wie</u> Kati.
Kati schreibt <u>schöner als</u> Tobi, aber nicht <u>so schön wie</u> Isabel.

✎ 2 Wer läuft am schnellsten, wer ist am größten, wer schreibt am schönsten?
Schreibe: *Kati läuft schnell. Isabel ...*
Oder: Überlegt selbst solche Knobeleien. Zum Beispiel mit *klein, schwer, ...*

Die Ausnahmen

gut	besser	am besten
hoch	höher	am höchsten
viel	mehr	am meisten

✎ 3 Schreibe die Steigerungsformen ab. Präge sie dir gut ein.

✎ 4 Verwende die Wörter in Sätzen.

Kann man Farben auch steigern? *blau, blauer, ...?*

Angst und Mut

Übungstext

Ein Ausflug

Gestern wanderten Marie und Timo mit ihren
Eltern zur alten Ritterburg. Von der Burg
hat man eine gute Aussicht. Doch nach einer
halben Stunde kam schlechtes Wetter auf.
Es wurde kühl. Marie und Timo waren in einem
Raum, in den kein Licht fiel. Sie fassten sich
an den Händen und liefen hinaus. Die Eltern
standen unter einem breiten Torbogen.
Niemand hatte an Regenmäntel gedacht.
Endlich wurde das Wetter besser. Für heute
hatten sie genug gesehen.

1 Schreibe Wörter aus dem Text, die eine besondere Schwierigkeit aufweisen.
Übe sie.

2 Schreibe die Adjektive aus dem Text und bilde die Steigerungsformen.
Achtung: Eines dieser Adjektive kann man man nicht steigern!

Der geheimnisvolle Fun☐

Marie und Timo laufen im Hof der Bur☐
herum. Da sieht Marie etwas im San☐ liegen.
Sie he☐t es auf. Es ist ein Schlüssel mit einem
verrosteten Bar☐. Er ist schon sehr al☐. Marie
zei☐t ihn Timo. Timo überle☐t: „Vielleicht
passt dieser Schlüssel zu einer Schatzkammer?"
Die Kinder sind aufgere☐t. Sie probieren ihn
aus. In ein Schloss passt er. Die Tür bewe☐t sich
leich☐. Der Raum ist ohne Lich☐ und kal☐.
In einer Ecke lie☐t ein zerrissener Karton ...

3 Entscheide: *b oder p; d oder t; g oder k?* Wende die Lösungsproben an.
Schreibe den Text ab.

4 Überlegt, was in dem zerrissenen Karton sein könnte.
Denkt euch Sachen aus und schreibt sie auf.
Oder: Schreibe einen Schluss zu dieser Geschichte.

Baum-Woche

Für diese Woche haben die Kinder der Klasse 3 das Thema „Bäume" gewählt. In Gruppen besprechen sie, was sie vorhaben.

- Gedichte über Bäume aufschreiben
- Bilder aus gepressten Blättern kleben ist auch schön.
- Ein Ratespiel über Bäume und Blätter macht Spaß.
- Wir können Baum-Bilder ausschneiden und sie aufhängen.
- Wollen wir einen Waldspaziergang machen und Bäume beobachten?
- Wir sammeln Zweige, Blätter, Rinde und Moos und machen eine Ausstellung.

Es gibt noch mehr Möglichkeiten, wie man eine Baum-Woche gestalten kann.

1. Überlegt gemeinsam in der Gruppe. Sammelt eure Ideen.
2. Macht einen Plan für eure Baum-Woche.

Arbeitsplan für unsere Baum-Woche

Montag	Dienstag	Mittwoch	Donnerstag
Spaziergang im Wald: – Rinde, Zweige, Blätter sammeln – mein Lieblingsbaum	Baumgedichte – sammeln – lesen – aufschreiben Schmuckblatt!	Lehrgang mit dem Förster	Plakate über Bäume gestalten
Blätter pressen	Bilder zu den Gedichten malen	Wir säubern den Wald	Informationen aufschreiben. Sachbücher aus Bücherei, Klassenbücherei, …
Rinde und Zweige beschriften			

Auf dieser Seite findest du Beiträge von Kindern für ein Baum-Buch.

Mein Baum

Mein Baum steht im Wald hinter der Schule. Sein Stamm hat einen Umfang von 74 cm. Die Rinde ist glatt. Mit der Lupe habe ich …

Mein Baumhaus

1 Beschreibe deinen Lieblingsbaum.
   Oder: Schreibe eine Geschichte zu dem Foto.

2 Erfinde eine eigene Baumgeschichte.
   Du kannst diese Wörter verwenden:

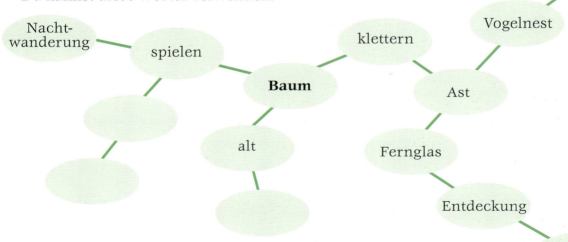

Oder: Erweitere die Wörtersammlung und wähle deine Erzählspur.
Oder: Schreibe eine eigene Wörtersammlung zu dem Wort *Baum* oder *Wald*.

Baum-Woche

Das Baumsuchspiel

Michael ist mit Philipp im Wald. Sie wollen sich mit einem Spiel die Zeit ...treiben. „Ich ...kläre dir das Baumsuchspiel", sagt Michael. „Sieh dir die Bäume genau an. Wähle einen Baum aus und untersuche ihn. Jetzt ...binde ich dir die Augen und du musst ...suchen deinen Baum zu ...kennen. ...fühle die Rinde und den Stamm. ...taste die Zweige und Blätter. Ich achte darauf, dass du keine Pilze ...trittst. Kannst du deinen Baum ...raten?"

be   er   ver   zer

1 Schreibe den Text ab. Finde zu den Verben die passenden Wortbausteine.

Kreiselwörter

2 Kreisele und bilde neue Verben.

treten   suchen
stellen   raten

Welches Verb passt?

Die Kinder ..., was sie in ihrer Baum-Woche machen wollen.
Sie ... den Förster. Der Förster ... die Klasse in den Wald.
Die Waldschonung dürfen sie nicht ...
Anna kann sich nicht ..., dass die große Eiche krank ist.
Peter entdeckt eine Ameisenstraße. Er will die Ameisen nicht ...

3 Welche der gekreiselten Wörter kannst du in den Text einsetzen? Untersuche und probiere aus, was passt.

4 Schreibe den Text mit den passenden Verben auf.

Der Spatz

Der kleinste Spatz im Spatzennest,
der machte ein Geschrei,
bis die Spatzenmutter kam
und brachte Futter herbei.
Und kaum hat er Federn, guckt er aus dem Spatzennest heraus
und er flattert eines Tages in die weite Welt hinaus.
Und er flattert auf den Hof in eine schöne große Pfütze,
wo die andern Spatzen sitzen, sich im Pfützenwasser spritzen.

Fredrik Vahle

1 Lies den Text. Sprich dabei die Wörter mit *tz* besonders deutlich.
Wie sprichst du den Selbstlaut vor dem *tz*?

2 Schreibe die Wörter mit *tz* auf.

Reimwörter

Spatz	Sitz	Katze	Mütze	spritzen	Schmutz
S...	Bl...	T...	St...	s...	Sch...
Sch...	W...	Gl...	Pf...	bl...	P...

3 Schreibe die Reimwörter auf. Setze vor die Substantive den Artikel.
Kennzeichne den kurzen Selbstlaut vor *tz*.

Welche Wörter fehlen?

Zwei ... ... auf einem Baum. Eine ... schleicht heran.
Mit einem großen ... springt sie auf den nächsten Ast.
Sie schlägt mit ihren ... nach den beiden ... und
vertreibt sie von ihrem ...

Tatzen
Katze
Platz
Satz
sitzen
Spatzen

4 Setze die passenden Wörter ein und schreibe den Text ab.

Sammelwörter

das Blatt · die Stelle · stellen · beobachten · zuletzt · der Schmutz
heraus · herein · binden · spritzen · das Futter · hinaus · hinein
fertig · zuerst

Unsere Baumschule

Vor einigen Tagen haben wir neue Baumpflanzen ... Damit sie nicht ..., mussten wir sie schnell ... Jeden Tag gießen wir nun die jungen Bäume, damit sie gut ... Wenn wir uns die zarten Wurzeln ..., können wir ..., dass die Pflanzen nicht lange ohne Wasser ...

kommen   wachsen   stehen   pflanzen   sehen   trocknen

1 Bilde mit den Wortbausteinen neue Verben und schreibe sie auf.

2 Ergänze den Lückentext. Wähle passende Verben aus.

Baumwörter

Christbaum

Baumsäge

Maibaum

Laubbaum

Lebensbaum

Richtbaum

Baumkrone

3 Manche Baumwörter haben mit Festen zu tun. Informiere dich über diese Bäume und die Feste. Berichtet im Erzählkreis.

4 Schreibe die zusammengesetzten Substantive mit *Baum-* und *-baum* mit dem Artikel auf.
Oder: Malt oder klebt oder ... einen großen Baum. Schreibt eure Baumwörter in den Baum.

Übungstext

Wir bauen ein Baumhaus

Zuerst sammeln wir Zweige und binden sie zwischen den Ästen fest. Jetzt schauen wir nach undichten Stellen. Mit Blättern machen wir das Dach dicht. Zuletzt hängen wir einen Sack vor den Eingang. So spritzt kein Schmutz herein. Endlich ist das Baumhaus fertig. Wollen wir hinein, ziehen wir uns hoch und stützen uns mit den Füßen ab. Müssen wir hinaus, stellen wir uns auf einen dicken Ast. Wir beobachten einen Specht, der nach Futter sucht.

1 Schreibe zehn Wörter aus dem Text, die eine besondere Schwierigkeit haben. Kennzeichne die schwierige Stelle.
Oder: Schreibe diese Wörter dreimal farbig untereinander.

Waldsterben

Baum Baum Baum Baum Baum
Baum Baum Baum Baum
Baum Baum Baum
Baum Baum
Baum
Baum   *Hans Manz*

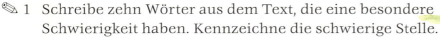

*Zu fällen einen schönen Baum
braucht's eine halbe Stunde kaum.
Zu wachsen, bis man ihn bewundert,
braucht er, bedenk es, ein Jahrhundert.*
                    Eugen Roth

2 Lies die Baumtexte. Wähle aus und schreibe oder drucke ein Gedicht.
Oder: Schreibe und male ein eigenes Baumgedicht für das Baum-Buch.

Tiere am und im Wasser

Die Kaulquappe

Die Kaulquappe schwänzelt im Teich herum
und weiß alles besser.
Vor allem die Frösche findet sie dumm,
die Fliegenfresser.
„Wenn ich seh, wie sie hopsen, da kann ich nur lachen.
An Land ist es öde.
Und wenn sie verliebt sind und Quellaugen machen!
Mir wär das zu blöde.
Das Komischste find ich im Chor zu koaxen.
Da bin ich gescheiter."
„Auch dir", sprach der Frosch, „werden Beine wachsen,
dann reden wir weiter."

Michael Ende

1 Denke darüber nach, was der Frosch sagt.

2 Aus der Kaulquappe wird ein Frosch.
Sammelt Informationen und berichtet darüber.

3 Warst du schon einmal an einem Teich?
Welche Tiere konntest du dort beobachten? Erzähle!

4 Im oder an einem Teich leben noch andere Tiere.
Bildet Expertengruppen zu den einzelnen Tieren und berichtet darüber in der Klasse.

5 Schreibe und gestalte das Gedicht als Schmuckblatt.
Oder: Stellt in der Gruppe eine Teich-Collage her.

Tiere am und im Wasser

Bei einem Ausflug der Klasse 3 zum Erlachsee interessierten sich Tatjana, Julia und Michael besonders für die Stockenten. Für ihren Bericht vor der Klasse sammelten sie Informationen aus Büchern und notierten sie in einer Stichwortliste.

Die **Stockente** ist die häufigste aller Entenarten. Sie lebt an Flüssen, Bächen und Seen.
Das männliche Tier heißt Erpel. Es hat ein buntes Gefieder, einen grünen Kopf mit einem weißen Ring um den Hals und einen gelben Schnabel.
Das Weibchen hat ein bräunliches Gefieder.
Die Stockente kann gut fliegen und mit ihren Schwimmflossen schnell schwimmen.
Mit ihrem Siebschnabel nimmt sie ihre Nahrung aus dem Wasser auf. Sie frisst Würmer, Schnecken und Pflanzen.
Die Stockente brütet 10–12 Eier aus. Die Brutzeit dauert 28 Tage.
Die Jungen werden schon bald nach dem Ausschlüpfen von der Mutter ins Wasser geführt.

Die Stockente
Lebensraum:
Flüsse, Bäche, Seen

Aussehen:
Erpel hat ein buntes Gefieder, ...
Ente hat ein bräunliches Gefieder.

Fortbewegung:
schwimmt schnell, ...

Nahrungsaufnahme: ...

Jungen: ...

✎ 1 Schreibe mit Hilfe des Textes Stichwörter zur Stockente auf.
Oder: Sucht euch Sachtexte zu anderen Tieren. Schreibt eine Stichwortliste, damit ihr euer Tier vorstellen könnt.

✎ 2 Informiert euch über Tiere, die im Wasser oder am Wasser leben.
Schreibt die wichtigsten Informationen auf Karteikarten. Legt eine eigene Tier-Kartei an.

Tiere am Wasser — Der Wasserfrosch
Größe: 9 bis 12 cm.
Meist grüner, gefleckter Frosch, stärker an das Wasser gebunden als die Braunfrösche. Das Männchen stößt beim Rufen zwei Schallblasen aus.

84 Tiere am und im Wasser

Tierrätsel

Wenn sie kriecht, hinterlässt sie eine schleimige Spur.

Sie ist schlüpfrig. Die Wanderung zu ihrem Laichgewässer ist sehr gefährlich.

Sie schwimmt in Flüssen und Bächen und liebt einen steinigen Grund.

Er ist sehr beweglich und kann mit seinen Beinen auf dem Wasser laufen.

1 Lies deinem Partner ein Tierrätsel vor. Kann er es erraten?

2 Schreibe die Rätsel auf und unterstreiche die Adjektive.

3 Welche verwandten Wörter stecken in den Adjektiven? Unterstreiche den Wortstamm. Schreibe: *gefährlich – Gefahr, beweglich – bewegen*

4 Erfinde selbst Rätsel über Tiere am Wasser.

---

die Farbe   der Tag   die Angst   die Sonne   der Schmutz

der Hunger   der Freund   das Jahr   der Durst   das Herz

5 Bilde Adjektive mit -ig oder -lich: *Adjektive mit -ig und -lich
die Farbe – farbig*

Am Wasser

Jeden <u>Tag</u> kommen Rehe zum Wasser.
Die Jungen der Bachstelze haben immer großen <u>Hunger</u>.
Die Libelle schillert in vielen <u>Farben</u>.
Eidechsen lieben Tage, an denen die <u>Sonne</u> scheint.
Die Tiere meiden Gewässer, in denen es viel <u>Schmutz</u> gibt.

6 Verändere die Sätze. Ersetze die unterstrichenen Substantive durch ein verwandtes Adjektiv mit -ig oder -lich.

Kurze Pause

Die Kinder steigen 🐸 aus dem Bus und 🐸 die Straße. Schnell rennen sie 🐸 über die Wiese. Dort unten entdecken sie einen Bach mit einer 🐸. Felix und Anne ziehen schnell Turnschuhe und Socken aus. Sie waten durch das kalte Wasser und spritzen die anderen nass. Die Kinder 🐸 und lachen. Petra ruft: „Macht keinen 🐸, ihr 🐸!" Sie setzt sich 🐸 ins Gras und sieht einem Frosch zu, der auf einem Stein sitzt und 🐸.

quer
quietschvergnügt
Quelle
bequem
quaken
Quatsch
überqueren
quietschen
Quatschköpfe

1 Lies den Text und setze passende Wörter ein.
2 Schreibe den Text auf. Kennzeichne *Qu/qu* farbig.
3 Suche aus dem Wörterbuch 15 Wörter mit *Qu/qu* und schreibe sie auf.
4 Spielt mit den *Qu/qu*-Wörtern ein Wörterbingo.

Quell-Wörter

Heil- -e
hervor- -en
die -e
-en
Gebirgs- -e
das -wasser
-frisch

5 Schreibe die Wörter mit dem Wortstamm **Quell/quell** auf.

Sammelwörter

die Quelle · der Fisch · der Bericht · berichten · nass – nasse · richtig
nächste · der Punkt · pünktlich · bewegen

86 Tiere am und im Wasser

Am See

Heute gehen Lisa und Tom
in den Stadtpark. Sie wollen
die Enten füttern. ... kommen
die Tiere angeschwommen.
Sie fassen ... nach dem Brot.
Die Kinder lachen. Es sieht ... aus,
wenn die Enten übereinander purzeln.
Nur ein Schwanenpaar kommt nicht.
Es zieht ... in der Mitte des Sees seine Kreise.
Jetzt gehen Lisa und Tom weiter.
Sie müssen ... zu Hause sein.

gierig   ruhig   pünktlich   eilig   lustig

1 Schreibe den Text ab und setze passende Adjektive ein.

Adjektive mit dem Baustein *un-*

Anne ist nicht glücklich. Sie ist *un*glücklich.

Lisa und Tom sind nicht pünktlich. Sie sind *un*pünktlich.

2 Untersuche die Sätze. Welche Bedeutung hat der Baustein *un-*?

Ist das Gegenteil von *lustig* unlustig?

Schreibe kürzer

Petra ist nicht glücklich.   Die Bedienung ist nicht freundlich.

Felix ist nicht geduldig.   Die Klasse ist nicht ruhig.

Das Wasser des Sees ist nicht sauber.   Das Spiel ist nicht bekannt.

3 Schreibe die Sätze ab. Verändere die Adjektive durch den Baustein *un-*:
Petra ist nicht glücklich. Petra ist unglücklich.
Oder: Stelle ein Wörterdomino mit den Wortpaaren her.
Überlege dir dazu noch weitere Adjektive, zu denen der Baustein *un-* passt.

Tiere am und im Wasser   87

Übungstext

Ausflug zum See

Die Kinder der Klasse 3 wandern heute zu einem kleinen See. Dort wollen sie Tiere beobachten. Libellen tanzen über dem Wasser. Sie bewegen sich lautlos. Im flachen Wasser schwimmen kleine Fische. Sonja beobachtet eine Ente mit ihren Jungen. Jörg sieht zum ersten Mal einen richtigen Frosch aus der Nähe. Später suchen die Kinder die Quelle. Sie rennen durch das nasse Gras. Pünktlich gehen sie nach Hause. Am nächsten Tag berichten sie in der Schule von ihren Beobachtungen.

Anne möchte mehr über Libellen wissen. Sie schaut in einem Tierlexikon nach.

Libellen

Die Libelle ist ein räuberisches Insekt. Sie kann 3–10 cm lang werden. Sie hat fast durchsichtige, schmale Flügel und einen dünnen und langen Hinterleib. Ihre riesigen Augen stoßen an der Oberseite des Kopfes zusammen. Libellen sehen sehr gut. Die Libelle lebt am Ufer von Teichen und Bächen. Die große Libelle kann sehr gut fliegen und in der Luft stehen bleiben. Ihre Beute fängt sie im Flug. Es sind vor allem Fliegen und Schmetterlinge.

Aussehen

Lebensraum

Fortbewegung

Nahrung

1 Schreibe wichtige Informationen über die Libelle in einer Stichwortliste auf. Berichte mit Hilfe der Liste vor der Klasse.
Oder: Gestalte ein Plakat mit Tieren, die du am Wasser beobachten kannst.

Humorlos

    Die Jungen
        werfen
            zum Spaß
                mit Steinen
                    nach Fröschen.
                        Die Frösche
                            sterben
                                im Ernst.

Erich Fried

Radtour

In den Ferien war Familie Stroppel in Österreich. Dort haben sie eine Radtour gemacht. Unterwegs haben die Kinder viele Wörter aufgeschnappt und gesammelt.

Nach dem Abendessen in der Ferienwohnung stellen die Kinder ihre Wörterbeute vor. Sören fragt: „Wisst ihr, was ein *Tafelklassler* ist?" Sebastian sagt: „Ich habe beim Kaufmann *Topfen* und *Erdäpfel* gekauft." Sofie ergänzt: „In demselben Laden gab es auch *Karfiol*." Katrin seufzt: „Ich könnte schon wieder eine *Klobasse* essen." Mama sagt: „Morgen machen wir wieder eine Radtour, es ist hier ja *bretteleben*."

1 Versucht herauszufinden, was die Wörter bedeuten.
Die Lösung findest du auf Seite 2.

2 Überall spricht man anders. Kannst du von eigenen Erlebnissen erzählen?

Mei radl

I hob a radl griagd.
A rods radl mid ana
aufboganan lengschdaungan.
Und an stobliachd.

Christine Nöstlinger

Mein Rad

Ich habe ein Fahrrad bekommen.
Ein rotes Fahrrad
mit einem Rennlenker
und einem Stopplicht.

3 Dies ist der Anfang eines Dialekt-Gedichts aus Österreich.
Lies die Zeilen laut. Vielleicht bringst du einige Wörter heraus.

Hol dein Fahrrad aus dem Keller

Musik und Text: Margit Künzel-Hansen

1. Hol dein Fahrrad aus dem Keller, pump genügend Luft hinein und dann schwing dich auf den Sattel, lass die Sonne um dich sein.

1 So könnte eine große, kleine, kurze, lange Radtour beginnen.
Erzählt eigene Erlebnisse mit dem Fahrrad.

2 Bringt Fotos von einer Radtour mit. Erzählt dazu in kleinen Gruppen.
Ein Kind darf die Geschichte der ganzen Klasse vortragen.

Fahrrad-Fantasien

Knubben
Brüsche
Bickbeere
Fangerl

Reifen Wind
Hose Ente
Bauer Sonne
Öl Bach
Nagel Uhr

Landkarte Sattel
Brunnen
Reh Eiche
Regen Kino
Rückstrahler Geld
Pfütze

?

3 Jedes Kind schreibt auf einen Zettel 10 Wörter zum Thema „Radtour".
Lasst der Fantasie freien Lauf! Vermischt die Zettel.
Ziehe aus dem Haufen einen Zettel. Versuche möglichst viele Wörter
von diesem Zettel in einer Geschichte unterzubringen.

Fahrrad-Geschichten

4 Ergänze passende Wörter.
Erfinde eine Geschichte, in der mindestens
drei der Wörter vorkommen.

5 Bildet Fünfergruppen.
Lest eure Geschichten vor und sprecht darüber.
Ergänzt, kürzt, erweitert ... die Geschichten.

Ferien
Abenteuer
Halteverbot
R...
R...
A...
D...

Lieber schlecht gefahren als gut gelaufen?

Eisenbahn, Kanu, Flugzeug, U-Boot, Düsen-Jet, Sattelschlepper, Zeppelin, Fahrrad, Omnibus, Heißluftballon, Hubschrauber, Lkw, Segelschiff, Kutsche, Ruderboot

✏ 1 Wo werden diese Fahrzeuge eingesetzt? Ordne sie nach dem Einsatzort:

Zu Lande	Zu Wasser	In der Luft

✏ 2 Suche einen gemeinsamen Namen für jede der Wörtersammlungen.
Schreibe so: *Fahrzeuge zu Lande heißen Landfahrzeuge.*
Fahrzeuge zu Wasser ...

> Rollschuhe, Dreirad und Skateboard sind ... ?

Für eine große Radtour braucht man dies und das

Kaffee, Anorak, Kuchen, Fruchtsaft, Pullover, Tee, Knäckebrot, Zange, T-Shirt, Mineralwasser, Kekse, Schere, Jeans, Brötchen, Schraubenzieher, Schraubenschlüssel

✏ 3 Für je vier dieser Substantive gibt es einen Sammelnamen.
Versuche Sammelnamen zu finden.

✏ 4 Bildet Fünfer-Gruppen. Schreibt die Wörter mit den dazugehörigen
Sammelnamen auf eine Karte. Vermischt die Karten und nehmt reihum eine
Karte von dem Stapel. Wer zuerst ein Quartett beisammen hat, ist Sieger.

Übungstext

In den Ferien

Sebastian verbringt die Ferien
mit seinen Eltern auf einem Bauernhof.
Dort gibt es Schafe, Schweine und Kühe.
Sebastian darf sie füttern. Jeden Tag
ist die Familie mit dem Fahrrad unterwegs.
Bevor es losgeht, kocht Mutter eine Kanne Kaffee
oder Tee. Führt die Straße bergan, müssen sich alle anstrengen
und können nur langsam fahren. Müde kehren sie am Abend
von ihren Fahrten in den Ferienort zurück.

Hier wird gebaut

Bei der Radtour kommt Sebastian an einer …
vorbei. Ein altes Haus war … geworden.
Es entsteht ein moderner … Ein … wird …
Die … machen viel Lärm. Auch die Straße
wird … In einem halben Jahr soll das neue
… fertig sein.

ausgebaut   Baustelle   Neubau
Baukran   Baumaschinen
aufgebaut   baufällig
Gebäude

1 Schreibe den Text ab und setze Wörter aus der Wortfamilie *bauen* ein.

2 Lege mit Wörtern aus der Wortfamilie *bauen* eine Wörtersammlung an.
Ordne die Wörter so:

Substantive	Verben	Adjektive

Oder: Lege mit Wörtern aus der Wortfamilie *fahren* eine Wörtersammlung an.
Die Wortfamilie *fahren* ist sehr groß.
Manchmal wird aus dem *a* im Wortstamm ein *ä*.

Fahrzeug   Gefährte   gefährlich   fahrbar   erfahren   ?

Sammelwörter

langsam · das Fahrrad · die Kanne · das Rad · das Schwein · füttern
der Ort · das Schaf · anstrengen · kochen · der Kaffee · die Kuh
die Fahrt · müde

92 Rechtschreibkurs — Wörter nachschlagen

Speisen aus dem Kochbuch

Apfelkuchen · Aal · Ananastorte

Eisbein · Erdbeermarmelade · Erbsensuppe

Paprikaschnitzel · Petersilienkartoffeln · Pastetchen

✎ 1 Ordne die Speisen nach dem ABC. Achte auch auf den dritten Buchstaben:
Nach dem ABC ordnen
Aal, ...
Oder: Sammelt eure Lieblingsspeisen und ordnet sie nach dem ABC.

✎ 2 Wenn du diese Wörter nach dem ABC ordnest, entstehen Sätze.

Vanillesoße Pudding essen alle und

gab gestern Grütze mit es Sahne

Auf dem Einkaufszettel

✎ 3 Lies die Wörter auf dem Einkaufszettel.
Neun Wörter findest du in der Wörterliste.
Schreibe so:

Substantiv	Seite	Spalte
das Brot	...	...

Brot, Zucker
Butter, Milch
Salz, Müsli
Quark, Tee
Kartoffeln, Gurke
Mehl

Bildwörter

✎ 4 Wie heißen die Substantive in der Einzahl und in der Mehrzahl?
Schlage in der Wörterliste nach.
Schreibe so:

Einzahl	Mehrzahl	Seite
die Bank	die ...	...

✎ 5 Drei Substantive von Aufgabe 4 sind Teekesselwörter. Spielt Teekesselspiele.
Ihr könnt euch selbst Teekesselwörter suchen.

Pf/pf am Wortanfang und in der Wortmitte

Rechtschreibkurs 93

Reimwörter suchen

1 Lies die Sammelwörter. Welche Verben reimen sich?
  Schreibe die Reimpaare nebeneinander auf.

Wortbaumeister

2 Bilde zusammengesetzte Substantive mit *Pferd* und schreibe sie mit dem Artikel auf: *der Pferdeschwanz, ...*

Buchstabendieb

☐ennig · ☐ütze · ☐effer · ☐laume · ☐anne · ☐legen · ☐lücken · ☐erd

3 Ergänze *Pf* oder *pf* und schreibe die Wörter auf.

4 Bilde mit den Wörtern Sätze und schreibe sie auf:
  Ich pflege meine Blumen selbst.

Keine Buchstaben vergessen!

schlüpfen	hüpfen		Wortstamm	Endung
ich schlüpfe	ich ...	ich	klopf	e
du ...	du ...	du	klopf	st
er/sie/es ...	er/sie/es ...	er/sie/es	klopf	t
wir ...	wir ...	wir	klopf	en
ihr ...	ihr hüpft	ihr	klopf	t
sie ...	sie ...	sie	klopf	en

5 Schreibe ab und ergänze die fehlenden Verbformen.
  Unterstreiche den Wortstamm, übermale die Endung.

Sammelwörter

hüpfen · klopfen · das Pferd · pflegen · pflücken · die Pfütze · schlüpfen · tropfen

94 Rechtschreibkurs — *St/st* und *Sp/sp* am Wortanfang

St/st und *Sp/sp* am Wortanfang

1 Lies die Sammelwörter. Achte auf die Aussprache von *St/st* und *Sp/sp*.

✎ 2 Schreibe die Wörter nach Wortarten geordnet auf.

> Zur Erinnerung:
> Ich spreche und höre *schp* und *scht*.
> Ich schreibe *Sp/sp* und *St/st*.

Wir schaffen Ordnung

✎ 3 Ordne die Wortgruppen und schreibe sie ab.
Oder: Schreibe Sätze auf: *Ich stelle ...*

die Blumen an den Tisch stellen
den Stuhl in das Regal stellen
das Buch in die Vase stellen

Immer drei Wörter sind verwandt

| spritzen | Spende | sparen | sparsam | Stoß | anstoßen | Spritzer |
| spenden | Spritze | stoßen | Sparer | stillen | Stille | Spender | still |

✎ 4 Ordne nach verwandten Wörtern und schreibe auf. Unterstreiche die Wortstämme. Fällt dir etwas auf?

Wortbaumeister

ein Stern für Weihnachten – ...
der Stamm eines Wortes – ...
ein Stuhl für den Garten – ...

ein Stift mit Tinte – ...
eine Stunde für Sport – ...
ein Stück vom Kuchen – ...

✎ 5 Bilde zusammengesetzte Substantive und schreibe sie auf. Übermale den Buchstaben, der in manchen Wörtern zwischen Grund- und Bestimmungswort tritt: *ein Stern für Weihnachten – ein Weihnachtsstern, ...*

Sammelwörter

*sparen · spät · spenden · der Sport · spritzen · der Stamm · stellen
der Stern · der Stift · still · stoßen · das Stück · der Stuhl · die Stunde*

st in der Wortmitte und am Wortende

Rechtschreibkurs 95

Familienwettbewerb 1 – Wer kann es *am besten*?

singen   turnen   zeichnen   basteln   schreiben   vorlesen   kochen   erzählen

Mutter   Vater   Oma   Opa   mein Bruder   meine Schwester   ich ...

✎ 1 Schreibe vier Sätze auf: *Oma kann am besten singen. Mutter ...*
    Übermale *st*.

Familienwettbewerb 2 – Wer schafft *am meisten*?

Witze erzählen   Lieder singen   Bücher lesen

Geschichten kennen   Brötchen essen

st wird so getrennt: *am bes-ten*

✎ 2 Schreibe drei Sätze auf: *Vater erzählt die meisten Witze. Opa ...*
    Übermale *st*.

Eine schöne Überraschung

... erhielt ich einen Brief von meiner Oma. Sie kommt ... Woche zu Besuch.
Ich konnte es ... gar nicht glauben. Dann sprang ich vor Freude ... bis zur Decke.
Ich werde Oma ... vom Bus abholen.

✎ 3 Setze *fast, gestern, nächste, zuerst, selbst* richtig ein und schreibe ab.

Aus Omas Spruchbeutel

Im ... geht die Sonne auf.
Nach ... nimmt sie ihren Lauf.
Im ... will sie untergehen.
Im ... ist sie nie zu sehen.

Norden   Osten   Süden   Westen

✎ 4 Schreibe ab und setze die richtigen Himmelsrichtungen ein. Übermale *st*.

Sammelwörter

*am besten · fast · gestern · am meisten · nächste · der Osten
selbst · der Westen · zuerst*

96 Rechtschreibkurs — *d* und *t* in der Wortmitte und am Wortende

Wir ergänzen

die weiße Wan☐   das weite Fel☐   das neue Ra☐
das bunte Ban☐   das große Zel☐   das heiße Ba☐
die kalte Han☐   die weite Wel☐   der enge Pfa☐

Ich verlängere die Substantive, dann kann ich *d* und *t* unterscheiden: *die Felder – das Feld*

✎ 1 Lies die Wortgruppen und wende die Rechtschreibhilfe an.
Schreibe die Substantive so auf:

Mehrzahl	Einzahl
Wände	Wand

Was kann man *finden, ernten, binden, senden*?

✎ 2 Schreibe Sätze:
Im Wald kann man Pilze finden.

Wir bauen Wörter und Wortgruppen

 treten — auf, über, ver

  raten — er, ver

 halten — an, er, bereit, auf

eine Ansichtskarte ..., seine Meinung ..., ein Geheimnis ..., an der Kreuzung ...,
im Theater ..., den Fahrausweis ..., das Rätsel ..., ein Verbot ..., den Mantel ...

✎ 3 Setze die Wortbausteine und die Verben zusammen.
Ergänze die Wortgruppen und schreibe sie auf.

d oder t?

der Or☐   die Sei☐e   das Ban☐   har☐
die Kar☐e   das Fel☐   die El☐ern   mü☐e
das Bil☐   die Blü☐e   die Minu☐e   das Fahrra☐

✎ 4 Setze *d* oder *t* ein und schreibe ab.

Sammelwörter

das Band · das Bild · binden · die Blüte · die Eltern · die Ernte
das Feld · finden · halten · die Hand · hart · die Karte
der Mantel · die Minute · müde · der Ort · das Rad · die Seite
senden · treten · verraten · die Wand

b und g in der Wortmitte und am Wortende — Rechtschreibkurs 97

Nach Wortarten ordnen

✎ 1 Lies die Sammelwörter. Ordne sie nach Wortarten und schreibe sie auf.
Übermale *b* und *g* farbig.

Auskünfte

Wie sollte deine Freundin oder dein Freund sein?
Wie kann eine Mathematikaufgabe sein?
Wie ist dir manchmal zu Mute?

✎ 2 Beantworte die Fragen. Schreibe kurze Sätze.

mutig	traurig
fertig	fleißig
lustig	richtig
schwierig	prächtig

Kuddelmuddel

im	die	zu	die	das	in das	die
schlagen	bleiben	heben	bewegen	liegen	jagen	regnen

✎ 3 Ordne die Verben richtig zu und schreibe Wortgruppen auf.
Übermale *b* oder *g* farbig: *im Bett liegen*, ...

Was gehört in welchen Korb?

Hundeknochen   Handtücher

Hemden   Turnhose   Gurken   Hunde   Zwiebeln   Tomaten   Ball

✎ 4 Schreibe so: *die Handtücher in den Wäschekorb*, ... Übermale *b* farbig.

Sammelwörter

*die Aufgabe · der Berg · bewegen · bleiben · fertig · fleißig · das Flugzeug
heben · jagen · der Korb · liegen · lustig · neben · regnen · richtig
schlagen · schwierig*

Rechtschreibkurs — *ch* in der Wortmitte und am Wortende

Reime

die Sachen	das Loch	das Dach	kochen	das Licht
der Dr...	der K...	der Kr...	p...	der W...

1 Sprich die Reimwörter mit *ch*. Was fällt dir auf?

2 Schreibe die Substantive in Einzahl und Mehrzahl auf:
<u>Substantive mit ch</u>
die Sache – die Sachen, ...

der Drache – der Drachen?

Hier stimmt etwas nicht

dem Reporter	leuchten
den Unfall	besuchen
den Tierpark	berichten
die Sterne	rechnen
die Suppe	beobachten
die Aufgabe	kochen

3 Ordne richtig zu und schreibe auf.

Die Wörterschlange

4 Welche Wörter stecken in der Wörterschlange? Schreibe sie auf.

5 Versuche die Wörter aus der Wörterschlange möglichst in einem Satz unterzubringen. Wer findet den längsten Satz?
Oder: Diktiert euch die Wörter im Partnerdiktat.

Sammelwörter

beobachten · berichten · besuchen · das Dach · durch · freundlich · gleich
kochen · leicht · leuchten · das Licht · das Loch · manche · manchmal
nichts · rechnen · rechts · die Sachen · sicher · welche

Wörter mit *ng* und *nk*   *Rechtschreibkurs* **99**

Wörter ordnen

1. Ordne die Sammelwörter nach *ng* und *nk*. Schreibe so:

ng	nk
...	...

Silbenrätsel

an	gen	ken	hän	an
gen	pünkt	fan	lich	stren
lang	Punkt	den	sam	gen

> Wörter mit *ng* trennen wir so: *hän-gen*
> **Aber:** *er häng-te.*

2. Setze die Silben zu Wörtern zusammen und schreibe sie auf. Achtung: Ein Kuckucksei ist enthalten. Übermale *ng* oder *nk*.

Welche Schränke gibt es?

3. Bilde zusammengesetzte Substantive und schreibe sie auf: *der Werkzeugschrank, ...*

Wie heißt das Gegenteil?

schnell – ...   unpünktlich – ...   weit – ...
gesund – ...   rechts – ...

> Wann sagt man: Er hat zwei linke Hände?

4. Schreibe die Wortpaare auf. Verwende je ein Wort in einem Satz.

Märchenrätsel

5. Schreibe die Rätsel und die Lösungen auf.

> Wer ging einst zum rauschenden Feste und vergnügte sich aufs Beste; um Mitternacht dann schnell nach Haus, jedoch ein Schuh blieb im Königshaus?

> Wer hängte aus den Fenstern die Betten weit und auf der Erde wurde es Winterszeit?

Sammelwörter

anfangen · anstrengen · denken · eng · sie ging · hängen · krank · langsam · links · die Menge · pünktlich · der Schrank

Rechtschreibkurs — Wörter mit *Sch/sch*

Zungenbrecher

Fischers Fritz fischt frische Fische.
Frische Fische fischt Fischers Fritz.

1 Sprich den Zungenbrecher dreimal hintereinander ganz schnell.

Kuckuckseier

schreien / Schreihals / schimpfen / Geschrei / Schrei
schläfrig / schlummern / schlafen / Schlafwagen / Schlafsack
Schneiderin / schneiden / schnitt / Schere / Messerschneide
Schreck / schriftlich / Schrift / schreiben / Kugelschreiber

Manchmal kann sich auch der Wortstamm verändern.

2 In jeder Reihe ist ein Kuckucksei versteckt.
Schreibe jede Reihe ohne das Kuckucksei auf.

Was passt zusammen?

| sauber | Weg | scharf | Sprache | schlecht | Aufgabe |
| schmal | Wetter | falsch | deutsch | Schrift | Messer |

3 Schreibe so: *das scharfe Messer*, ...
Oder: Bilde mit den Wortgruppen Sätze.

Bilder schreiben

4 Schreibe mit den Wörtern
wischen, schieben, schneien, zwischen je ein Bild.
Das kann ein Baum, ein Ball oder etwas ganz anderes sein.
Oder: Diktiert euch die Wörter im Partnerdiktat.

Sammelwörter

*deutsch · falsch · der Fisch · frisch · scharf · schlecht · schmal
schneiden – er schnitt · schneien · schreien · die Schrift · wischen · zwischen*

Wörter mit *lk*, *rk*, *lz*, *nz*, *rz*

Rechtschreibkurs 101

Wie heißt das Gegenteil?

schwach – ...   weiß – ...   kaputt – ...

✎ 1 Schreibe die Gegensatzpaare auf.

Redewendungen

| Hand aufs Herz! | Das ist ein starkes Stück. | Es steht schwarz auf weiß geschrieben. | Ist die Katze aus dem Haus, tanzen die Mäuse auf dem Tisch. |

✎ 2 Denke über die Redewendungen nach.
Schreibe sie auf. Unterstreiche die Wörter mit *rz*, *nz* und *rk*.

Verwandte Wörter

glänzen	tanzen	stürzen	parken	das Herz	das Salz
der ...	der ...	der ...	der ...	...lich	...ig

✎ 3 Wie heißen die verwandten Wörter? Schreibe so: *glänzen – der Glanz*, ...
Unterstreiche jeweils den Wortstamm.

Was hat *Park* mit *parken* zu tun?

Welches Wort passt?

Nach einem Wettlauf schlägt mein ... sehr schnell.
... sammeln im Herbst ist ein Freizeitspaß für viele Leute.
Als ein ... werden die Menschen eines Landes bezeichnet.
Auf dem ... gibt es grüne ...
Auf Thilos Geburtstagstisch steht eine ...torte mit neun ...

| Pilz | Quark | Herz | Markt | Volk | Kerze | Gurke |

✎ 4 Setze die passenden Wörter ein und schreibe die Sätze auf.
Unterstreiche die Wörter mit *lk*, *rk*, *lz* und *rz*.

Sammelwörter

*ganz · glänzen · die Gurke · das Herz · die Kerze · der Markt · parken
der Pilz · der Quark · das Salz · schwarz · stark · stürzen · tanzen
das Volk*

102 Rechtschreibkurs — s in der Wortmitte und am Wortende

Einzahl – Mehrzahl

| die Gans | der Hals | der Kreis | das Gras |

✏ 1 Bilde die Mehrzahl. Schreibe so: *die Gans – die Gänse*, ...
Unterstreiche den Wortstamm der Einzahl und Mehrzahl.

Bingo

✏ 2 Spielt mit den Sammelwörtern Bingo. Schreibt in jedes Feld ein Wort. Der Spielleiter liest die Sammelwörter ungeordnet vor. Wer zuerst drei Wörter in einer Reihe angekreuzt hat, darf „Bingo" rufen.

bremsen	?	?
?	?	riesig
?	Hase	?

Welche Wörter kannst du mit der Schreibmaschine schreiben?

etwas · lösen · ins · Reise · also · riesig · bis · Kreis · tausend

✏ 3 Probiere aus und schreibe die Wörter auf.
Schreibe die übrig gebliebenen Wörter mit einer anderen Farbe auf.

Silbenrätsel

PAU	BÖ	SO	GE	AL	SUND
TAU	SE	RIE	SEND	SIG	SE

✏ 4 Im Silbenkasten sind sechs Wörter versteckt. Schreibe sie und übermale s.

Sammelwörter

als · also · böse · bremsen · etwas · die Gans · gesund · das Gras
der Hals · der Hase · ins · der Kreis · lösen · die Pause · die Reise
riesig · tausend

Wechsel von ss und ß

Rechtschreibkurs 103

Reimwörter

fassen	fressen
p...	m...
l...	e...

ss steht nach kurzem, betonten Selbstlaut.

✎ 1 Schreibe ab und ergänze die Reimwörter. Unterstreiche den Wortstamm.

Welche Wörter fehlen?

Der Polizist ... den Dieb.
Tobias ... gern Eierkuchen.
Sabine ... ihre Mappe in der Schule.
Robert ... die Länge des Klassenzimmers.
Die Hose ... ihm nicht.
Manchmal ... Martin seine Sportsachen.

vergessen   passen
messen   fassen
essen   lassen

ß steht nach einem lang gesprochenen Selbstlaut. Mit der Verlängerungsprobe kann ich prüfen, ob ich ß oder s schreiben muss:
Gras - Gräser, sie vergaß - sie vergaßen

✎ 2 Setze die Verben in der richtigen Form ein.

✎ 3 Bilde zu den Verben die Vergangenheitsform.
Schreibe so: *fassen – er fasste, ...*

Sätze würfeln

⚀ ich weiß	⚀ die richtige Lösung
⚁ du weißt	⚁ den kürzesten Weg
⚂ er, sie, es weiß	⚂ den gesuchten Namen
⚃ wir wissen	⚃ die Spielregel
⚄ ihr wisst	⚄ die genaue Körpergröße
⚅ sie wissen	⚅ die Telefonnummer

Ach, wie gut, dass niemand weiß, ...

✎ 4 Würfle Sätze und schreibe sie auf.
Zum Beispiel: ⚁ + ⚄ : *Du weißt die genaue Körpergröße.*

✎ 5 Schreibe deine Sätze in der Vergangenheit auf.

Sammelwörter

er aß · fassen - er fasst · lassen - sie lässt - sie ließ · messen - er misst
passen - er passt · vergessen - sie vergisst - sie vergaß · er wusste

104 Rechtschreibkurs — Wörter mit doppelten Mitlauten

Die Kamille

Hör auf mit dem Gebrülle,
ich koch dir gleich Kamille,
die trinkst du und bist stille.
Da sieht man ohne Brille
die Heilkraft der Kamille.

Heinz Kahlau

1 Die Reimwörter im Gedicht haben etwas gemeinsam. Finde es heraus.

Mein Freund Ulli

Wir kennen uns seit der ersten Klasse. Jeden Morgen treffen wir uns und gehen zusammen zur Schule. Manchmal vergesse ich meinen Schlüssel. Dann wartet Ulli mit mir auf der Treppe auf meine Mutter. Allein wäre es langweilig. Wenn das Wetter schön ist, rennen wir in den Wald und klettern auf Bäume. Manchmal sammeln wir auch Futter für den Hasen von Herrn Krüger. Mit Vaters Fernrohr beobachten wir am Abend den Himmel. Ich finde, Ulli und ich passen gut zueinander.

2 In dem Text findest du viele Wörter mit doppeltem Mitlaut. Schreibe die Wörter nach den Mitlauten geordnet heraus: *kennen, rennen, ...*

Welche Wörter passen?

Im Winter ... die Förster die Tiere im Wald. Wann ... das Kaufhaus? Wer ... beim Tennis? Die Eltern ... sie Nina. Wir ... die Fenster. Sportler ... einen Wettkampf. Wer ... meinen Hamster? Wie ... du deinen Freund oder deine Freundin?

nennen   gewinnen   öffnen   füttern

3 Schreibe ab und ergänze die gebeugten Verbformen.

Sammelwörter

allein · bellen · das Blatt · brennen · brummen · donnern · dünn · fett · das Fell · das Futter · füttern · gewinnen · glatt · der Herr · der Himmel · der Kamm · kämmen · die Kanne · der Keller · die Kette · kippen

Wörter mit doppelten Mitlauten
Rechtschreibkurs 105

Bilderrätsel

1. Schreibe die Reimwörter auf.
   Oder: Trenne die Wörter nach ihren Sprechsilben und schreibe sie auf:
   der Schlüs-sel, der Rüs-sel, ...

Reimpaare

| rennen | schaffen | brummen | treffen | summen |
| passen | rütteln | lassen | brennen | paffen | schütteln |

2. Schreibe die Reimpaare auf: *brummen – summen, ...*
   Achtung: Ein Kuckucksei ist dabei.

3. Trenne die Reimwörter nach Silben: *brum-men, pas-sen,...*

Wortartenkreisel

satt	das Fett	sammeln	fett	glatt
bellen	das Zimmer	die Wolle	die Treppe	donnern
dünn	die Wanne	kippen	treffen	schlimm	kämmen

4. Schreibt die Namen der Wortarten und die Wörter auf Kärtchen.
   Dreht den Wortartenkreisel und ordnet ein Wortkärtchen der richtigen
   Wortart zu. Wurde falsch zugeordnet, muss das Kärtchen zurückgelegt werden.
   Spielt so lange, bis alle Wortkärtchen zugeordnet sind.

Sammelwörter

*nennen · öffnen · die Pappe · rennen · sammeln · satt · schaffen
schlimm · der Schlüssel · der Stall · treffen · die Treppe · die Wanne
die Wolle · das Zimmer*

106 Rechtschreibkurs   **Wörter mit *ck***

Sprachspielereien

Zwicke zwacke   zwicke zwase   zwicke zwals
in die Backe   in die Nase   in den Hals   *Jürgen Spohn*

1 Lies das Gedicht. Wie sprichst du den Selbstlaut vor *ck*? Denke dir weitere Verse aus.

Wir reimen

schmecken	wecken	backen	der Rock
r...	l...	p...	der St...
n...	schl...	kn...	der Pfl...

✎ 2 Schreibe die Reimwörter ab und übermale *ck*.

✎ 3 Bilde mit je einem Verb aus jeder Gruppe einen Satz.
     Oder: Diktiert euch die Wörter gegenseitig.

Was kann *dick* sein?

Koffer   Hund   Krankheit   Buch   Nacht   Jacke   Baum   Sturm

✎ 4 Entscheide und schreibe die Wortgruppen auf: *ein dicker Hund, ...*
     Oder: Suche verwandte Wörter zu *dick*: *dick, Dickhäuter, ...*

Wir trennen Wörter mit *ck*

Brü	Ja	We	Da	So	Rü	E	Schne
cker	cken	cke	cke	cke	cke	cken	ckel

So trennt man Wörter mit *ck*: *schme-cken*, **Aber:** *es schmeck-te*

✎ 5 Setze die Silbenkarten zusammen und schreibe die Wörter auf:
Brü - cke – die Brücke, ...

Sammelwörter

*die Brücke · dick · die Ecke · die Jacke · lecken · der Rock · der Rücken
schmecken · der Stock · wecken*

Wörter mit tz

Rechtschreibkurs 107

Reimpaare

1 Lies die Reimpaare. Achte auf den Selbstlaut vor *tz*.
  Schreibe die Reimpaare auf und übermale *tz* farbig.

Ein Puzzle

Blitz	zen	plat	spritze
krat	te	Kätz	zen
sprit	schlag	Wasser	zen
letz	zen	blit	chen

So trennen wir *tz*:
sprit-zen
Aber:
der Spritz-schlauch

2 Setze die Puzzleteile richtig zusammen und schreibe die Wörter auf.

Wo ist Hansi?

Wer hörte ihn …?   zuletzt
Wer sah ihn …?
Was geschah in der … Stunde?   jetzt
Wo mag er … sein?
Was machen wir …?   letzte

3 Ergänze die Fragen und schreibe sie ab. Übermale *tzt*.

Sammelwörter

der Blitz · blitzen · jetzt · letzte · die Mütze · der Schmutz
schmutzig · zuletzt

Wörter mit *aa, ee, oo*

Zusammengesetzte Substantive

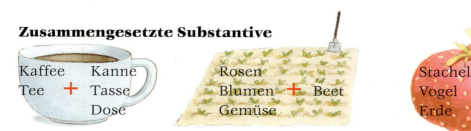

Kaffee, Tee **+** Kanne, Tasse, Dose

Rosen, Blumen, Gemüse **+** Beet

Stachel, Vogel, Erde **+** Beere

1 Bilde zusammengesetzte Substantive und schreibe sie mit dem Artikel auf: *die Kaffeekanne, ...* Übermale den doppelten Selbstlaut.

Paar oder paar

ein Paar Socken   ein paar Bälle   ein paar Blumen   ein Paar Handschuhe

2 Finde heraus, wann du *Paar* oder *paar* verwendest. Überlege dir eine Regel.

Rollschuhe   Kirschen   Kinder   Strümpfe   Bücher   Stiefel

3 Entscheide: *Paar* oder *paar*? *ein Paar Rollschuhe, ein ...*

Alles am falschen Platz

der Zucker   die Tiere   der Pilz   die Beere
am Strauch   im Moos   im Tee   im Zoo

4 Ordne die Wortgruppen und schreibe sie auf.

Was kann *leer* sein?

Haus   Teller   Bild   Radio   Magen   Heft   Hut

5 Bilde Wortgruppen und schreibe sie auf: *das leere Haus, ...*

Sammelwörter

die Beere · das Beet · der Kaffee · leer · das Moos · paar · das Paar · der Tee · der Zoo

Wörter mit ie

Rechtschreibkurs 109

Viele Fragen

Was kann man *verlieren*? (den Schlüssel, den Fahrschein, ...)
Wozu kann man *gratulieren*? (zum Geburtstag, zum Muttertag, ...)
Wo kann man *spazieren*? (durch den Wald, durch den Park, ...)
Wann kann man *frieren*? (im Winter, in der Nacht, ...)
Was kann man *schieben*? (den Einkaufswagen, das Fahrrad, ...)

1 Beantworte die Fragen. Schreibe Sätze auf: *Man kann den Schlüssel verlieren. ...*

Trio

Nennform	Gegenwart	Vergangenheit
bleiben	sie bleibt	sie blieb
fallen	sie fällt	sie fiel
halten	...	...

schlafen schreiben schreien stoßen scheinen

2 Übertrage die Tabelle in dein Heft und ergänze die fehlenden Verbformen.
Oder: Schreibt jede Verbform auf ein Kärtchen. Vermischt die Kärtchen und legt sie umgedreht auf den Tisch. Deckt abwechselnd ein Kärtchen auf. Sieger ist, wer die meisten Trios gesammelt hat.

Wörter mit *ie* würfeln

⚀ Z..l   ⚁ v..lleicht   ⚂ St..l   ⚃ v..l   ⚄ w..der   ⚅ z..len

3 Würfelt abwechselnd ein Wort und diktiert es eurem Partner. Übermalt *ie*.

fiel oder *viel*?

Im Winter freuen wir uns über ... Schnee. Sie ... in den Schnee.
Er ... in das kalte Wasser. Wir verbrauchen zu ... Wasser.

4 Schreibe ab und ergänze in den Sätzen *fiel* oder *viel*.

Sammelwörter

*sie blieb · er fiel · frieren · gefallen – es gefiel · gratulieren · er hielt · schieben
sie schien · er schlief · schreien – es schrie · er schrieb · spazieren · der Stiel
stoßen – sie stieß · verlieren · viel · vielleicht · wieder · das Ziel · zielen*

110 Rechtschreibkurs — Wörter mit *h* vor *l, m, n, r*

Wörter ordnen

✎ 1 Übertrage die Tabelle in dein Heft und ordne die Sammelwörter richtig ein.

hl	hm	hn	hr

Immer drei sind verwandt

strahlen	Wahl	Zähler	Wohnung	Fahrt	führen
fahren	Bewohner	zählen	Führung	Wähler	Strahl
entführen	Strahler	wohnen	Fahrer	wählen	Zahl

✎ 2 Schreibe die Wörter aus einer Wortfamilie nebeneinander auf.

Was kann *hohl, wahr, kühl, lahm* sein?

| Wetter | Freund | Pferd | Zahn | Baum | Geschichte | Bein | Tee |

✎ 3 Suche zu den Adjektiven passende Substantive und schreibe die Wortgruppen mit dem Artikel auf. Übermale *hl*, *hm* und *hr*: *ein ... Freund, ...*

Substantive richtig zusammensetzen

Zahn   Ohr

| Arzt | Ring | Spange | Fenster | Muschel | Pasta | Brot |

✎ 4 Bilde zusammengesetzte Substantive und schreibe sie mit dem Artikel auf. Aufgepasst: Es sind zwei Kuckuckseier versteckt.

Verwandte

Zwillinge sehen sich meist sehr ...
Auch zwischen Geschwistern besteht oft eine große ... Wem ... du?

Was ist ein Ahn?

✎ 5 Setze *ähnlich, ähneln, Ähnlichkeit* richtig ein und schreibe die Sätze ab.

Sammelwörter

ähnlich · das Fahrrad · die Fahrt · führen · hohl · die Höhle · kühl
lahm · das Ohr · strahlen · der Verkehr · die Wahl · wählen · wahr
die Wahrheit · wohnen · zählen · der Zahn

Wörter mit *h* am Ende des Wortstamms

Rechtschreibkurs **111**

Wörter ordnen

✏ 1 Schreibe die Sammelwörter nach Wortarten geordnet auf:

Verben	Adjektive	Substantive
blühen	froh	die Kuh
...	...	...

Reimwörter

blühen	wehen	drehen	ziehen
gl...	g...	st...	fl...
spr...	s...		

✏ 2 Schreibe die Reimwörter ab. Unterstreiche das *h* am Ende des Wortstamms.

✏ 3 Bei welchen Verben bleibt der Wortstamm in der Gegenwartsform und in der Vergangenheitsform gleich? Schreibe diese Verben so auf:
blühen – sie blüht – sie blühte, ...   Unterstreiche den Wortstamm.

Welches Tier kann so sein?

gefleckt   flink   scheu   braun   bunt

✏ 4 Ordne jedem Tier die passenden Adjektive zu.
Schreibe in Einzahl und Mehrzahl: *das scheue Reh, die scheuen Rehe*, ...

Wir steigern uns

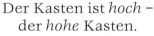

Der Kasten ist *hoch* – der *hohe* Kasten.

Heute musste ich ... aufstehen. Morgen muss ich noch ... aufstehen. Im Sportunterricht bin ich heute über einen ... Kasten gesprungen. Vielleicht kann ich bald noch ... springen.

✏ 5 Setze *früh, früher, hohen* und *höher* in die Sätze ein und schreibe ab.

Sammelwörter

blühen · drehen · froh · fröhlich · früher · hohe · höher · die Kuh
das Reh · die Reihe · wehen · ziehen

Wörterliste Die in Klasse 3 hinzugekommenen Wörter sind **fett** gedruckt.

A a
ab
acht
ähnlich
allein
als
also
alt
anfangen, sie fängt an
anstrengen, er strengt sich an
der Apfel, die Äpfel
der April
die Arbeit, die Arbeiten
arbeiten, sie arbeitet
er **aß**
die **Aufgabe**, die Aufgaben
der August

B b
backen, sie backt
das Bad, die Bäder
baden, er badet
die Bahn, die Bahnen
bald
der Ball, die Bälle
das Band, die Bänder
die Bank, die Bänke
basteln, sie bastelt
der Bauer, die Bauern
die **Beere**, die Beeren
das **Beet**, die Beete
bei
beißen, er beißt
bellen, er bellt
beobachten, sie beobachtet
der **Berg**, die Berge
der **Bericht**, die Berichte
berichten, er berichtet
besser
am **besten**
der **Besuch**, die Besuche
besuchen, sie besucht
das Bett, die Betten
bewegen, er bewegt
das **Bild**, die Bilder
binden, sie bindet
bis
du bist
bitten, er bittet
das **Blatt**, die Blätter
blau
bleiben, sie bleibt
er **blieb**
der **Blitz**, die Blitze
blitzen, es blitzt
blühen, sie blüht
die Blume, die Blumen
die **Blüte**, die Blüten
das Boot, die Boote
böse
brauchen, er braucht
breit
bremsen, sie bremst
brennen, es brennt
der Brief, die Briefe
bringen, er bringt
das Brot, die Brote
die **Brücke**, die Brücken
der Bruder, die Brüder
brummen, es brummt
das Buch, die Bücher
bunt
der Bus, die Busse
die Butter

D d
das **Dach**, die Dächer
sie **dachte**
danken, er dankt
dann
die Decke, die Decken
denken, sie denkt, sie dachte
deutsch
der Dezember
dich
dick
der Dienstag, die Dienstage
dies, diese, dieser, dieses
doch
donnern, es donnert
der Donnerstag, die Donnerstage
das Dorf, die Dörfer
dort
der **Drachen**, die Drachen
draußen
drehen, er dreht
drei
dunkel
dünn
durch
dürfen, sie darf

E e
die **Ecke**, die Ecken
eins
die **Eltern**
eng
die Ente, die Enten
erklären, er erklärt
die **Ernte**, die Ernten
ernten, sie erntet

Die in Klasse 3 hinzugekommenen Wörter sind **fett** gedruckt.   **Wörterliste**

erzählen, er erzählt
essen, sie isst, sie aß
etwas
euch
euer, eure

F f
fahren, er fährt,
er fuhr
das **Fahrrad**,
die Fahrräder
die **Fahrt**, die Fahrten
fallen, sie fällt,
sie fiel
falsch
fassen, er fasst
fast
der Februar
fehlen, sie fehlt
der **Fehler**, die Fehler
die **Feier**, die Feiern
feiern, er feiert
das **Feld**, die Felder
die Ferien
fertig
das Fest, die Feste
das **Fett**, die Fette
fett
sie **fiel**
finden, er findet
der **Fisch**, die Fische
die **Flasche**,
die Flaschen
das Fleisch
fleißig
fliegen, sie fliegt
das **Flugzeug**,
die Flugzeuge
fragen, er fragt
die Frau, die Frauen
der Freitag, die Freitage
sich freuen, sie freut sich

der Freund, die Freunde
die Freundin,
die Freundinnen
freundlich
der Frieden
frieren, er friert
frisch
froh
fröhlich
früh
früher
der Frühling
sie **fuhr**
führen, er führt
fünf
das **Futter**
füttern, sie füttert

G g
er **gab**
die **Gans**, die Gänse
ganz
der Garten, die Gärten
geben, er gibt, er gab
der **Geburtstag**,
die Geburtstage
gefallen, es gefällt
es **gefiel**
gehen, sie geht
gelb
das Geld, die Gelder
das Gemüse
genug
gestern
gesund
gewinnen,
er gewinnt
das **Gewitter**,
die Gewitter
sie **gibt**
er **ging**
glänzen, es glänzt

glatt
gleich
das **Gras**, die Gräser
gratulieren,
er gratuliert
grün
der **Gruß**, die Grüße
grüßen, sie grüßt
die **Gurke**, die Gurken
gut

H h
das **Haar**, die Haare
haben, er hat
halb
der **Hals**, die Hälse
halten, sie hält,
sie hielt
die **Hand**, die Hände
hängen, es hängt
hart
der **Hase**, die Hasen
du hast
er hatte
heben, sie hebt
das Heft, die Hefte
helfen, er hilft
heißen, sie heißt
heraus
der Herbst
herein
der **Herr**, die Herren
das **Herz**, die Herzen
er **hielt**
hier
der **Himmel**
hinaus
hinein
hoch
hohe
höher
hohl

Wörterliste Die in Klasse 3 hinzugekommenen Wörter sind **fett** gedruckt.

die **Höhle**, die Höhlen
hören, sie hört
der Hund, die Hunde
hüpfen, sie hüpft

I i
der Igel, die Igel
ihm
ihn
ihnen
ihr, ihre, ihren
immer
ins

J j
die **Jacke**, die Jacken
jagen, er jagt
der **Jäger**, die Jäger
das Jahr, die Jahre
der Januar
jeder
jetzt
der Juli
jung
der Juni

K k
der **Kaffee**
kalt
sie **kam**
der **Kamm**, die Kämme
kämmen, er kämmt
die **Kanne**, die Kannen
die **Karte**, die Karten
die **Kartoffel**, die Kartoffeln
die Katze, die Katzen
kaufen, sie kauft
kein, keine
der **Keller**, die Keller

kennen, er kennt
die **Kerze**, die Kerzen
die **Kette**, die Ketten
kippen, es kippt
die Klasse, die Klassen
das Kleid, die Kleider
klettern, sie klettert
klopfen, er klopft
kochen, es kocht
kommen, sie kommt, sie kam
können, er kann
der Kopf, die Köpfe
der **Korb**, die Körbe
kosten, es kostet
krank
der **Kreis**, die Kreise
der Kuchen, die Kuchen
die **Kuh**, die Kühe
kühl

L l
lahm
lang
langsam
sie **las**
lassen, er lässt, er ließ
laut
leben, sie lebt
lecken, er leckt
leer
legen, sie legt
der **Lehrer**, die Lehrer
die **Lehrerin**, die Lehrerinnen
leicht
lesen, er liest, er las
letzte
leuchten, es leuchtet
das **Licht**, die Lichter

lieben, sie liebt
liegen, er liegt
sie liest
er **ließ**
links
das **Loch**, die Löcher
der Löffel, die Löffel
lösen, er löst
lustig

M m
der **Mai**
manche
manchmal
der Mann, die Männer
der **Mantel**, die Mäntel
das Märchen, die Märchen
die Mark
der **Markt**, die Märkte
der März
mehr
am **meisten**
meistens
die **Menge**, die Mengen
der **Mensch**, die Menschen
messen, sie misst
das Messer, die Messer
die Milch
die **Minute**, die Minuten
mir
er **misst**
die Mitte
der Mittwoch, die Mittwoche
sie möchte
der Monat, die Monate
der Montag, die Montage
das **Moos**, die Moose

Die in Klasse 3 hinzugekommenen Wörter sind **fett** gedruckt. **Wörterliste**

morgen
müde
der Müll
müssen, er muss
die Mutter, die Mütter
die **Mütze,** die Mützen

N n
nächste
die Nacht, die Nächte
der Name, die Namen
nass
nasse
neben
nehmen, sie nimmt
nennen, er nennt
neun
nicht
nichts
sie nimmt
der **Norden**
der November
nur

O o
oben
oder
offen
öffnen, sie öffnet
ohne
das **Ohr,** die Ohren
der Oktober
der **Ort,** die Orte
der **Osten**

P p
das **Paar**
paar
packen, er packt
das Papier, die Papiere

die **Pappe,** die Pappen
parken, sie parkt
passen, es passt
die **Pause,** die Pausen
das **Pferd,** die Pferde
pflanzen, er pflanzt
pflegen, sie pflegt
pflücken, er pflückt
die **Pfütze,** die Pfützen
der **Pilz,** die Pilze
der Platz, die Plätze
plötzlich
die Post
der Preis, die Preise
prüfen, sie prüft
der **Punkt,** die Punkte
pünktlich
die Puppe, die Puppen
putzen, er putzt

Q q
der **Quark**
die **Quelle,** die Quellen
quer

R r
das **Rad,** die Räder
raten, sie rät
der **Raum,** die Räume
rechnen, er rechnet
rechts
der Regen
regnen, es regnet
das **Reh,** die Rehe
reich
reif
die **Reihe,** die Reihen
die **Reise,** die Reisen
reisen, sie reist
reißen, er reißt
rennen, sie rennt

richtig
riesig
der Ring, die Ringe
der **Rock,** die Röcke
rollen, er rollt
der Roller, die Roller
rot
der **Rücken,** die Rücken
rund

S s
die **Sachen**
sagen, sie sagt
das **Salz,** die Salze
sammeln,
er sammelt
der **Sand,** die Sande
satt
der Satz, die Sätze
der **Saurier,** die Saurier
das **Schaf,** die Schafe
schaffen, sie schafft
scharf
scheinen, sie scheint,
sie schien
die Schere, die Scheren
schicken, sie schickt
schieben, er schiebt
sie **schien**
das Schiff, die Schiffe
schlafen, sie schläft,
sie schlief
schlagen, er schlägt
schlecht
sie **schlief**
schließen,
er schließt
schlimm
der Schlitten,
die Schlitten
das **Schloss,**
die Schlösser

116 Wörterliste Die in Klasse 3 hinzugekommenen Wörter sind **fett** gedruckt.

schlüpfen, sie schlüpfte
der **Schlüssel**, die Schlüssel
schmal
schmecken, es schmeckt
schmücken, er schmückt
der **Schmutz**
schmutzig
der Schnee
schneiden, sie schneidet, sie schnitt
schneien, es schneit
schnell
er **schnitt**
der **Schrank**, die Schränke
schreiben, sie schreibt, sie schrieb
schreien, er schreit
sie **schrie**
er **schrieb**
die **Schrift**, die Schriften
der Schuh, die Schuhe
die Schüssel, die Schüsseln
schwarz
das **Schwein**, die Schweine
die Schwester, die Schwestern
schwierig
schwimmen, sie schwimmt
der See, die Seen
sehen, sie sieht
sehr
seit

die **Seite**, die Seiten
selbst
senden, er sendet
der September
sicher
sieben
sie sieht
singen, er singt
sitzen, sie sitzt
der Sommer, die Sommer
der Sonnabend, die Sonnabende
die Sonne, die Sonnen
der Sonntag, die Sonntage
sparen, er spart
spät
spazieren, sie spaziert
spenden, er spendet
das Spiel, die Spiele
spielen, sie spielt
der **Sport**
sprechen, er spricht
spritzen, sie spritzt
die Stadt, die Städte
der **Stall**, die Ställe
der **Stamm**, die Stämme
er **stand**
stark
stehen, sie steht, sie stand
der Stein, die Steine
die **Stelle**, die Stellen
stellen, er stellt
der **Stern**, die Sterne
der **Stiel**, die Stiele
sie **stieß**
der **Stift**, die Stifte
still
der **Stock**, die Stöcke
stoßen, er stößt,

er stieß
strahlen, es strahlt
die **Straße**, die Straßen
das **Stück**, die Stücke
der **Stuhl**, die Stühle
die **Stunde**, die Stunden
stürzen, sie stürzt
suchen, er sucht
der **Süden**
die Suppe, die Suppen

T t

die Tafel, die Tafeln
der Tag, die Tage
tanzen, sie tanzt
die Tasche, die Taschen
die Tasse, die Tassen
tausend
der Tee
der Teller, die Teller
tief
der Tisch, die Tische
der Topf, die Töpfe
die Torte, die Torten
tragen, er trägt
treffen, sie trifft
die **Treppe**, die Treppen
treten, er tritt
trinken, sie trinkt
trocken
tropfen, es tropft
das Tuch, die Tücher
die Tür, die Türen
turnen, er turnt
die Tüte, die Tüten

Die in Klasse 3 hinzugekommenen Wörter sind **fett** gedruckt. **Wörterliste**

U u
üben, sie übt
die Übung, die Übungen
die Uhr, die Uhren
unten
unter

V v
der Vater, die Väter
er **vergaß**
vergessen, sie vergisst, sie vergaß
der **Verkehr**
verlieren, er verliert
verraten, sie verrät
viel
vielleicht
vier
der Vogel, die Vögel
das **Volk**, die Völker
voll
von, vom
vor
vorbei

W w
der Wagen, die Wagen
die **Wahl**, die Wahlen
wählen, er wählt
wahr
die **Wahrheit**
der Wald, die Wälder
die **Wand**, die Wände
wandern, sie wandert
die **Wanne**, die Wannen
warm
warten, er wartet
waschen, sie wäscht
das Wasser
wecken, er weckt
der Weg, die Wege
wehen, es weht
weich
das Weihnachten
weinen, sie weint
weiß
weit
weiter
welche
wenn
werden, er wird
der **Westen**
das Wetter
wieder
die Wiese, die Wiesen
der Wind, die Winde
der Winter, die Winter
sie wird
wischen, er wischt
wissen, sie weiß, sie wusste
die Woche, die Wochen
wohnen, er wohnt
die **Wohnung**, die Wohnungen
die Wolke, die Wolken
die **Wolle**
das Wort, die Wörter
wünschen, sie wünscht
er **wusste**

Z z
die Zahl, die Zahlen
zahlen, sie zahlt
zählen, er zählt
der **Zahn**, die Zähne
zehn
zeichnen, sie zeichnet
zeigen, er zeigt
die Zeit, die Zeiten
die **Zeitung**, die Zeitungen
ziehen, sie zieht, er zog
das **Ziel**, die Ziele
zielen, er zielt
das **Zimmer**, die Zimmer
sie **zog**
der Zoo, die Zoos
der **Zucker**
zuerst
der Zug, die Züge
zuletzt
zusammen
zurück
zwei
zwischen

Lernzusammenhänge

Unterrichtseinheit	Miteinander sprechen	Texte verfassen	Sprache untersuchen
Im Erzählkreis Seiten 4/5	Gespräche führen; Gesprächsregeln; Geschichten erfinden		
In der Schreibwerkstatt Seiten 6/7		Tipps zum Überarbeiten von Geschichten; Geschichtenheft	
Übungsstationen Seiten 8/9			
Bei uns und anderswo Seiten 10–15	Ferienerlebnisse erzählen	nach Vorgaben Texte schreiben: Textanfang; Feriengeschichten; Erlebnis auswählen; Schreibwerkstatt	Wiederholung: Substantive; Artikel; Substantive in verschiedenen Muttersprachen
Vom Korn zum Brot Seiten 16–21	Informationen einholen und auswerten	Bild-Text einander zuordnen; nach Vorgaben Texte schreiben	Wiederholung: Verben; Begriffe *Nennform*, *gebeugte Formen*
Freund und Freundin Seiten 22–27	Text mit verteilten Rollen lesen; von Freund/Freundin erzählen; Problem erörtern	Bildgeschichte erzählen und schreiben; Schluss erfinden	Wiederholung: Adjektive; mit Adjektiven Personen beschreiben
Wir spielen Theater Seiten 28–33	nach Textvorgabe Figuren und Szenen spielen; Spielvorlage für Theaterstück	einer Erzählspur folgen; eine Geschichte erfinden und aufschreiben	Begriffe *Wörtliche Rede*, *Redebegleitsatz*; mit dem Wortfeld *sagen* umgehen
Ich träume mir ein Land Seiten 34–39	zum Thema *Traumland* fantasieren; in Gruppen Geschichten erzählen; Erzählfaden „spinnen"	nach Vorgaben Texte schreiben: Textanfang, Bilder, Textteile, Schlusssatz; Erzählziel bestimmen; Schreibwerkstatt	Sätze gliedern; verschiedene Möglichkeiten erproben; Begriff *Satzglieder*
Bastelwerkstatt Seiten 40–45	Vorschläge für Basteleien; Informationsquellen erschließen; Bastelecke	aus Bildern Informationen entnehmen; verwürfelte Bastelanleitung ordnen	Begriff *Pronomen (Fürwort)*; Funktion von Pronomen erfahren
Vom Wünschen und Schenken Seiten 46–51	über ein Gedicht und Schenken nachdenken	nach Vorgaben Briefe, Karten schreiben und gestalten	Begriff *Subjekt (Satzgegenstand)*; Wer-/Was-Frage anwenden
Wo ich wohne Seiten 52–57	Gedicht als Gesprächsanlass; über sich erzählen	Geschichten zum Thema *Wohnen* schreiben; Texte in der Schreibwerkstatt besprechen	Begriff *Prädikat (Satzaussage)*; Kontrollfrage anwenden
Reise in die Vergangenheit Seiten 58–63	über Bildinhalte sprechen; Personen interviewen; ein Projekt anregen	nach Vorgaben Geschichten erfinden: Bildvorgaben, Textanfang	Begriff *Zeitformen*: Gegenwartsform und Vergangenheitsform
Saurier und Drachen Seiten 64–69	Informationen über Saurier sammeln; im Gesprächskreis berichten; ein Projekt anregen	nach Vorgaben Geschichten erfinden und strukturieren (Einleitung, Hauptteil, Schluss); Schreibwerkstatt	Texte in verschiedenen Zeitstufen vergleichen; Zukunftsform kennen lernen
Angst und Mut Seiten 70–75	Text als Erzählanlass; über Angst und Mut sprechen	nach Vorgaben Texte schreiben: Textanfang in Bildern, Textschluss	Steigerungsstufen; Begriffe *Grundstufe*, *Mehrstufe*, *Meiststufe*
Baum-Woche Seiten 76–81	ein Baum-Projekt planen; Arbeitsplan für eine Baum-Woche entwickeln	Geschichten zum Thema *Baum*; Wörtersammlung; Erzählspur wählen	Verben mit den Wortbausteinen *auf-, vor-, um-, ver-, zer-, ein-, be-, zu-, aus-*
Tiere am und im Wasser Seiten 82–87	Informationen zum Thema *Tiere am Wasser* einholen; über Beobachtungen berichten; Expertengruppen bilden	Gedicht als Schmuckblatt gestalten; Informationen sammeln und strukturieren; Stichwortliste schreiben	Adjektive mit den Wortbausteinen *-ig* und *-lich*
Radtour Seiten 88–91	zum Thema *Radtour* erzählen; Wörter und Text in Mundart verstehen	Erlebnisse erzählen; zu einem Thema fantasieren; Geschichten erfinden	Sammelnamen finden

Rechtschreibkurs Seiten 92–111

- Seite 92 Wörter nachschlagen
- 93 *Pf/pf* am Wortanfang und in der Wortmitte
- 94 *St/st* und *Sp/sp* am Wortanfang
- 95 *st* in der Wortmitte und am Wortende
- 96 *d* und *t* in der Wortmitte und am Wortende
- 97 *b* und *g* in der Wortmitte und am Wortende
- 98 *ch* in der Wortmitte und am Wortende
- 99 Wörter mit *ng* und *nk*
- 100 Wörter mit *Sch/sch*
- 101 Wörter mit *lk, rk, lz, nz, rz*
- 102 *s* in der Wortmitte und am Wortende
- 103 Wechsel von *ss* und *ß*
- 104 Wörter mit doppelten Mitlauten
- 106 Wörter mit *ck*
- 107 Wörter mit *tz*
- 108 Wörter mit *aa, ee, oo*
- 109 Wörter mit *ie*
- 110 *h* vor *l, m, n, r*
- 111 *h* am Wortstammende

Lernzusammenhänge 119

Rechtschreiben   -Seiten

Abschreiben, Partner-, Dosen-, Schleichdiktat; Wörterkartei, Wochenplan		
Wiederholung: Großschreibung von Substantiven und am Satzanfang; ABC-Ordnung; Sammelwörter trainieren	Wörtersammlung für eine Geschichte anlegen; Erzählspur suchen; Substantive in Einzahl und Mehrzahl; Verben substantivieren; ABC-Spiele; Übungstext trainieren	
Wiederholung: Wortstamm und Endung; Wörter mit Umlaut; Sammelwörter trainieren	Backanleitung nach Bild-Text-Vorgaben schreiben; Projekt „Rezeptbuch"; mit Verben umgehen; Gedicht abschreiben u. gestalten; Übungstext trainieren	
Funktion der Satzschlusszeichen erfahren; Sammelwörter trainieren	Adjektive als Begleiter von Substantiven; Befehlsform bilden; Wortartenkreisel; Texte schreiben und gestalten; Übungstext trainieren	
Zeichensetzung bei wörtlicher Rede; Sammelwörter trainieren	mit Redebegleitsätzen und wörtlicher Rede umgehen; Zeichensetzung bei wörtlicher Rede; mit Adjektiven umgehen; Wortfamilien bilden; Übungstext trainieren	
Wörter mit Auslautverhärtung; Rechtschreibhilfen erfahren und erproben; Sammelwörter trainieren	spielerisch mit Satzgliedern umgehen; Satzschlusszeichen, Satzanfänge, Satzglieder in einem Text erkennen; Rechtschreibhilfe „Wortverlängerung" anwenden; Geschichte zu Ende schreiben	
Wörter mit *ck*; Trennung von *ck*; Sammelwörter trainieren	Pronomen in Texten; Gespräch mit Redebegleitsätzen u. wörtlicher Rede aufschreiben; Gedicht abschreiben und gestalten; Wörter mit *ck* üben; Übungstext trainieren	
zusammenges. Substantive; Sammelwörter trainieren; Grundwort u. Bestimmungsw.	mit Subjekten umgehen; zusammengesetzte Substantive bilden; Grundwort und Bestimmungswort unterscheiden; Übungstext trainieren	
Wörter mit *ß*; Sammelwörter trainieren	mit Subjekten und Prädikaten umgehen; nach Vorgaben erzählen; Wörter mit *ß* üben; Übungstext trainieren	
Wörter mit *ie*; Sammelwörter trainieren	Erkundigungen über frühere Zeiten; im Erzählkreis erzählen; mit Verben in verschiedenen Zeitformen umgehen; Wörter mit *ie* üben; Übungstext trainieren	
Wörter mit Umlauten; Sammelwörter trainieren	Lückentext mit Zeitangaben ergänzen; mit Verben in verschiedenen Zeitformen umgehen; nach Vorgaben Geschichten schreiben; Schreibwerkstatt; Übungstext trainieren	
Wörter mit Auslautverhärtung; Rechtschreibhilfen anwenden, Sammelwörter trainieren	mit Steigerungsstufen umgehen; Wörter mit Auslautverhärtung üben; zu einer Geschichte einen Schluss erfinden; Übungstext trainieren	
Wörter mit *tz*; Sammelwörter trainieren	Verben mit Wortbausteinen; zusammengesetzte Substantive bilden; Baumtexte schreiben und gestalten; Übungstext trainieren	
Wörter mit *Qu/qu*; Sammelwörter trainieren	Adjektive mit den Wortbausteinen *-ig, -lich, un-*; Stichwortliste anfertigen; Übungstext trainieren	
Wortfamilien zusammenstellen; Übungstext und Sammelwörter trainieren		

Wichtige Begriffe

Substantive/Artikel
S. 12, 13, 14, 15, 27, 33, 37, 39, 49, 51, 55, 57, 75, 80, 90

Substantive bezeichnen Menschen, Tiere, Pflanzen und Dinge. Sie werden großgeschrieben.
Die Artikel *der*, *die*, *das*, *ein*, *eine* sind Begleiter der Substantive.

Grundwort/Bestimmungswort
S. 49, 51, 55, 80

Zusammengesetzte Substantive gliedern sich in Grundwort und Bestimmungswort: *die Wand**uhr**.*
                  Bestimmungswort   Grundwort

Pronomen (Fürwörter)
S. 42, 44

Substantive können durch Pronomen (Fürwörter) ersetzt werden.
Pronomen sind: *ich*, *du*, *er*, *sie*, *es*, *wir*, *ihr*, *sie* (alle).

Verben
S. 18, 21, 26, 27, 30, 37, 57, 63, 75, 78, 80

Verben haben eine Nennform und verschiedene gebeugte Formen. Nennform: *ziehen*. Gebeugte Formen: *ich ziehe*, *du ziehst*, *er/sie/es zieht*, *wir ziehen*, *ihr zieht*, *sie ziehen*.

Wortstamm und Endung
S. 19, 21, 33, 51, 55, 60, 67, 91

Verben haben einen Wortstamm und eine Endung. Manchmal wird aus dem Selbstlaut im Wortstamm ein Umlaut:
tragen – du **träg**st

Zeitformen
S. 60, 62, 66, 68

Verben können in verschiedenen Zeitformen auftreten:
sie strömen   *sie strömten*   *sie werden strömen*
Gegenwartsform   Vergangenheitsform   Zukunftsform

Adjektive/Steigerungsstufen
S. 24, 26, 27, 32, 33, **72**, 73, 74, 75, 84, 86

Adjektive können gesteigert werden. Es gibt drei Stufen:
Nele ist stark.   *Mathias ist stärker.*   *Sandra ist am stärksten.*
Grundstufe   Mehrstufe   Meiststufe

Zahlwörter

Diese Wörter nennt man Zahlwörter:
eins, acht, tausend, manche.

Wörtliche Rede
S. 30, 31, 32, 44

Die wörtliche Rede steht in Anführungszeichen (Redezeichen).
Der Redebegleitsatz gibt an, wer spricht.
Die Sternenfee sagt: „Ich hole die Sterne zurück."
     Redebegleitsatz   Wörtliche Rede

Satzarten
S. 26, 32, 36, 38, 56

Felix besucht seine Großeltern. **(Aussagesatz)**
Wie war es in der Schule? **(Fragesatz)**
Beeile dich! **(Aufforderungssatz)**

Satzglieder
S. 36, 38, 48, 90

Ein Satz besteht aus mehreren Teilen, den Satzgliedern. Sie können aus einem oder mehreren Wörtern bestehen.

Subjekt (Satzgegenstand)/Prädikat (Satzaussage)
S. 48, 50, 54, 56

Das Satzglied, das du mit der Wer- oder Was-Frage herausfindest, nennt man Subjekt (Satzgegenstand). Das Verb im Satz ist das Prädikat (die Satzaussage): *Der Junge* **hört** *Musik.*
                                                      Subjekt   Prädikat